Wohin mit der Wehrpflicht?

Detlef Buch

Wohin mit der Wehrpflicht?

Weisen die Partner
wirklich
den richtigen Weg?

Mit einem Vorwort vom
Wehrbeauftragten des Deutschen Bundestages

Frankfurt am Main · Berlin · Bern · Bruxelles · New York · Oxford · Wien

Bibliografische Information der Deutschen Nationalbibliothek
Die Deutsche Nationalbibliothek verzeichnet diese Publikation
in der Deutschen Nationalbibliografie; detaillierte bibliografische
Daten sind im Internet über http://dnb.d-nb.de abrufbar.

Lichtbildwerk und Umschlaggestaltung:
Olaf Glöckler, Atelier Platen, Friedberg

Gedruckt auf alterungsbeständigem,
säurefreiem Papier.

ISBN 978-3-631-58811-6
© Peter Lang GmbH
Internationaler Verlag der Wissenschaften
Frankfurt am Main 2010
Alle Rechte vorbehalten.

Das Werk einschließlich aller seiner Teile ist urheberrechtlich
geschützt. Jede Verwertung außerhalb der engen Grenzen des
Urheberrechtsgesetzes ist ohne Zustimmung des Verlages
unzulässig und strafbar. Das gilt insbesondere für
Vervielfältigungen, Übersetzungen, Mikroverfilmungen und die
Einspeicherung und Verarbeitung in elektronischen Systemen.

www.peterlang.de

Für Laura

„Ich stimme mit keinem einzigen Wort Deiner Meinung überein, würde aber mein Leben dafür geben, dass Du sie sagen darfst."

Johann-Wolfgang von Goethe

Dieses Buch gibt natürlich ausschließlich die persönliche Meinung des Autoren als Privatperson wider.

Vorwort

Seit der Preußischen Heeresreform ist die allgemeine Wehrpflicht mit kurzer Unterbrechung in der Zeit der Weimarer Republik ein fester Bestandteil der Deutschen Wehrverfassung. Theodor Heuss, der erste Bundespräsident, bezeichnete die Wehrpflicht als „legitimes Kind der Demokratie". Ist diese Legitimation mit dem Ende des Kalten Krieges hinfällig geworden?

Die Antwort auf diese Frage ist nach wie vor umstritten. Die Grenze zwischen Befürwortern und Gegnern der allgemeinen Wehrpflicht verläuft, wie wir wissen, quer durch die Gesellschaft und die Parteien.

Aufhänger der aktuellen Diskussion ist vor allem das Stichwort „Wehrgerechtigkeit". Die Frage nach der Wehrgerechtigkeit allein gibt aber keine Auskunft darüber, ob die allgemeine Wehrpflicht vor dem Hintergrund der veränderten Sicherheitslage in Europa und weltweit noch sinnvoll und geboten ist.

Detlef Buch, seit einem Jahr wissenschaftlicher Mitarbeiter der Stiftung Wissenschaft und Politik, hat sich der dankenswerten Aufgabe unterzogen, die Argumente für und wider die Wehrpflicht einmal zusammenzutragen. Ein Schwerpunkt seiner Untersuchung liegt dabei auf den Erfahrungen, die ausgewählte europäische Nachbarn im Zusammenhang mit der Abschaffung der Wehrpflicht gemacht haben. Wer wissen will, was uns im Falle der Aussetzung der Wehrpflicht erwartet, dem sei die Lektüre dieses Abschnittes besonders empfohlen.

Unabhängig von den Folgen geht es in der politischen Diskussion um die Wehrpflicht aber vor allem um deren Begründung. Alt-Bundespräsident Roman Herzog hat dazu in einer Rede vor Kommandeuren der Bundeswehr aus Anlass des 40-jährigen Bestehens der Bundeswehr ausgeführt:

> „Wehrpflicht macht alle Bürger verantwortlich für die Sicherheit des Gemeinwesens. Sie garantiert, dass die Armee in der Gesellschaft und mit der Gesellschaft lebt. Und sie sichert natürlich auch den personellen Gesamtumfang der Streitkräfte und ihre Qualität."

Wenn das nicht nur eine Behauptung, sondern auch in der Bevölkerung erlebte Wirklichkeit werden soll, dann muss es gelingen, den Auftrag und den Einsatz der Bundeswehr als einen notwendigen und sinnvollen Dienst sowohl der Wehrpflichtigen als auch der Zeit- und Berufssoldaten zu begründen. Das schließt das Nachdenken über neue Formen und Modelle der Wehrpflicht ein.

Dem Autor, Dr. Detlef Buch, ist Dank zu sagen für seine ausgezeichnete Arbeit.

Ich bin sicher, dass das vorgelegte Buch die Diskussion über die Beibehaltung der Wehrpflicht in Deutschland bereichern wird.

Reinhold Robbe
Wehrbeauftragter

Inhaltsverzeichnis

Einleitung   11

1. Die Pattsituation und ihre Herkunft   15
   Eine Pro- und Contragegenüberstellung

2. Die Auswahl der Länder und deren individuelle Abschaffungsentscheidungen   33
   Frankreich   34
   Spanien   37
   Niederlande   38
   Belgien   41

3. Die Erfahrungscluster   43
   Ökonomisch   43
   Militärisch-personell   47
   Sicherheitspolitisch-operativ   51
   Gesellschaftspolitisch   55

4. Schlussfolgerungen   61
   Implikationen und Maßnahmen im Fall einer Beibehaltung der deutschen Wehrpflicht   65
   Implikationen und Maßnahmen bei einer Aussetzung oder Abschaffung der deutschen Wehrpflicht   69

5. Zusammenfassung   75

6. Handlungsempfehlungen   79

7. Anhang 83

Abkürzungen 83

Tabelle: Die Wehrstrukturentscheidungen in Nato und EU 84

8. Literaturverzeichnis 87

Einleitung

Wohin mit der Wehrpflicht?
Weisen die Partner wirklich den richtigen Weg?

Mit dem Ende des Kalten Krieges und den gesellschaftlichen Umbrüchen von 1989/90 wurde in Europa eine Neugestaltung der Sicherheitspolitik notwendig. Diese war und ist verbunden mit einer Restrukturierung von Streitkräften. Dabei ist eine Entwicklungslinie eindeutig in Richtung kleinerer professioneller Streitkräfte erkennbar. Ausgehend von dieser Entwicklung treffen immer mehr Mitglieder in Nato und EU[1] die Entscheidung, die Struktur ihrer Wehrform den neuen sicherheits- und gesellschaftspolitischen Gegebenheiten anzupassen und auf Freiwilligenarmeen umzustellen. Dies hat dazu geführt, dass bereits 17 von 28 Nato-Mitgliedern sowie 15 von 27 EU-Mitgliedern diesen Schritt vollzogen bzw. Entscheidungen in diese Richtung getroffen haben. Insgesamt verzichten somit 22 von 28 Nato-Ländern und 19 von 27 EU-Länder auf die Einberufung von Wehrpflichtigen. Diesem von außen immer stärker zunehmenden Professionalisierungsdruck, welcher tendenziell in Richtung einer Freiwilligenarmee zu verorten ist, hält die deutsche Wehrpflicht[2] weiterhin stand. Seit Jahren sucht man in der Bundesrepublik in einer breiten politischen und gesellschaftlichen Debatte, einen Ausweg aus dieser Situation zu finden. Ein Ausweg, der letztendlich dem Professionalisierungsdruck nachgibt, aber auch der po-

---
1 Siehe hierzu die Tabelle 1 im Anhang dieser Studie zu den Wehrstrukturentscheidungen in Nato und EU.
2 Wenn im Folgenden immer wieder von „Wehrpflicht" gesprochen wird, so ist damit die Einberufung von Grundwehrdienstleistenden gemeint. Das auch Zeit- und Berufssoldaten per Gesetz in der Bundesrepublik Deutschland einer Wehrpflicht unterliegen, ist dem Autor durchaus bekannt und bewusst. Dieses ist jedoch hier nicht Gegenstand der Betrachtung und wird zum besseren Verständnis der Arbeit im Weiteren vernachlässigt.

litisch-historischen Verantwortung der Wehrpflicht gerecht werden soll. In diesem breiten Diskurs ist jedoch momentan die Situation eines klassischen Patts eingetreten. Egal aus welcher Perspektive der Beobachter auf die Thematik schaut, er kann sich anscheinend beliebig vieler Pro oder Contra Argumente bedienen. Dabei handelt es sich oftmals um Argumente, die im Laufe der Jahre und Jahrzehnte diskursiv tradiert wurden, vielfach überholt zu sein schein oder vorrangig institutionell geprägt sind. Hinzu kommt, dass diese Argumente, die sich im Prinzip auf den Ebenen: historisch, sicherheits- und gesellschaftspolitisch, verfassungsrechtlich, militärisch-personell sowie ökonomisch bewegen, auch noch miteinander im Diskurs vermengt werden.[3] Dies macht es für die Öffentlichkeit einerseits als auch für die politischen Entscheidungsträger andererseits zunehmend unübersichtlich, die Thematik hinreichend zu durchdringen. Auch birgt dies die Gefahr einer politischen Instrumentalisierung in sich. Vielmehr wäre also demnach eine Debatte notwendig, die unter Verwendung weniger sachlicher Argumente den Kern der Wehrpflicht im Jahr 2009 thematisiert. Diese Debatte sollte dann auf jeden Fall zielorientiert geführt sein. Das Ziel müsste lauten: Entscheidung für oder gegen die Wehrpflicht. Als Orientierungsrahmen einer solchen Debatte, die von der Politik angestoßen werden sollte, können die Folgen der Aussetzung resp. Abschaffung[4] der Wehrpflicht dienen, wie wir sie in den Ländern erleben, die diesen Schritt bereits vollzogen haben. Die

---

3 Diese Einteilung folgt dem Vorschlag von Werkner. Vgl dazu: Ines-Jacqueline Werkner, *Wehrpflicht oder Freiwilligenarmee? Wehrstrukturentscheidungen im europäischen Vergleich*, Frankfurt am Main 2006.
4 Im Folgenden wird aus Gründen der Vereinheitlichung und Vereinfachung überwiegend von Abschaffung gesprochen. Dabei muss natürlich berücksichtigt werden, dass eine Abschaffung grundsätzlich einen kompletten Verzicht auf die Wehrpflicht bedeuten würde. Eine Aussetzung würde bedeuten, noch Strukturen u.ä. vorzuhalten. Da aber nach Meinung des Autoren, eine Aussetzung der deutschen Wehrpflicht auch ihrer Abschaffung gleich käme, ist im Folgenden überwiegend von Abschaffung die Rede.

Frage sollte also lauten: Welche Erfahrungen haben ausgewählte Länder aus Nato und EU mit der Abschaffung der Wehrpflicht gemacht? Und welche Empfehlung lässt sich darauf aufbauend für Deutschland aussprechen?

In dieser Studie werden dementsprechend die Folgen der Abschaffung der Wehrpflicht in vier ausgewählten Ländern, nämlich Frankreich, Spanien, den Niederlanden und Belgien untersucht und zu Erfahrungsclustern zusammengefügt. Die Einteilung dieser Cluster folgt den eingangs beschriebenen unterschiedlichen Ebenen des Wehrpflichtdiskurses. Es sollen dabei jedoch nur diejenigen Ebenen Erwähnung finden, auf denen auch von wirklichen Folgen die Rede sein kann. Ziel soll es sein, die herausgearbeiteten Folgen dann anschließend auf Deutschland anzuwenden. So sollen einerseits Aussagen über auch in Deutschland wahrscheinlich eintretende Folgen einer Wehrpflichtabschaffung gemacht werden. Es soll aber auch herausgearbeitet werden, wie unter Beachtung der Prozesse, die zu einer Abschaffung der Wehrpflicht in diesen Ländern geführt haben, eine Weiterführung der deutschen Wehrpflicht möglich wäre.

Betont werden soll hier noch einmal ausdrücklich, dass der Ausgangspunkt der Überlegungen zu dieser Studie somit weder das Fähigkeitsprofil der Streitkräfte noch sicherheitspolitische Szenarien sind, wie sie aus Weißbüchern ableitbar wären. Es geht allein um die Fokussierung der Folgen der Wehrpflichtabschaffung, als einem möglichen Annäherungsweg an diese Thematik. Andere Wege, sich der Thematik zu nähern, werden ausgegrenzt. Ein Anspruch auf Vollständigkeit besteht natürlich nicht.

1. Die Pattsituation und ihre Herkunft

Die Entscheidung von immer mehr Verbündeten, die Wehrpflicht abzuschaffen, folgt dem seit Jahren andauernden und immer wieder beschriebenen Trend innerhalb der Nato, die Rekrutierungsform der Streitkräfte auf die Basis einer Freiwilligenarmee umzustellen. Dabei ist die Entscheidung zur Abschaffung der Wehrpflicht wesentlich komplexer als zunächst angenommen. Meint man doch, dass die Zügigkeit der Entscheidung, wie z.B. in Frankreich, nur auf der Entscheidung einiger wesentlicher Politiker beruht und ohne weitere Konsequenzen und vorgeschaltete politische und gesellschaftliche Prozesse von statten geht. In Polen z.B., das zum 1. Januar 2009 diesen Schritt vollzogen hat, hatte man den Eindruck, dass diese Debatte fast ohne größeren gesellschaftlichen Diskurs erfolgte.[5] In Deutschland hingegen, läuft eine seit Jahren geführte politische und gesellschaftliche Debatte – ohne jedoch ein nachhaltiges Ergebnis zu produzieren.

Doch warum ist die Debatte in den einzelnen Nato/EU-Mitgliedsländern so unterschiedlich? Hintergrund ist vermutlich der Einfluss zahlreicher politischer, gesellschaftlicher, ökonomischer und verfassungsrechtlicher Ebenen. Diese Ebenen bewegen sich zwischen zwei Fixpunkten der Außen-, Sicherheits- und Verteidigungspolitik. Zum einen gab es Länder, die angesichts ihrer historischen Erfahrungen bereits zu Zeiten des Kalten Krieges im multilateralen Rahmen wie der UNO international militärisch aktiv waren und damit schon eine gewisse globale Ausrichtung besaßen. Zum anderen bestanden Staaten, die aus ihren Traditionsbeständen heraus international militärisch eine eher pas-

---

5 Vgl. Krakiewicz, Aleksandra/Buras, Piotr, *Die Außen- und Sicherheitspolitik Polens unter der Regierung Tusk*, Berlin: Stiftung Wissenschaft und Politik, Mai 2008 (SWP-Aktuell 40/08); Vgl. Kulish, Nicholas, *As Draft Ends, Polish Military Faces Struggle to Modernize*, in: New York Times, 12.12.2008, S. A06.

sive Außen- und Sicherheitspolitik verfolgten. Das Ende des Ost-West-Konfliktes und die daraus resultierende sicherheitspolitische Lage schwächt den zweiten Fixpunkt und begünstigt eine Hinwendung zum Erstgenannten.[6] Dabei liegt es auf der Hand, dass beide Fixpunkte eine bestimmte Rekrutierungsform nahe legen: Eine global ausgerichtete und militärisch aktive Außen- und Sicherheitspolitik, mit stetig zunehmenden Einsätzen im Rahmen der internationalen Krisen- und Konfliktbewältigung, übt eine ganz neue Form eines *Professionalisierungsdrucks* auf die Streitkräfte aus. Man sieht sich weitreichenden Modernisierungen und steigender Technologisierung gegenüber. Internationale Einsätze erfordern ein Höchstmaß an Belastbarkeit für Mensch und Material. Hohe Flexibilität und Professionalität des Personals sind gefragt. Man könnte auch von plug & play Fähigkeiten sprechen. Dafür wird schnell und weltweit verfügbares, hoch-spezialisiertes Personal benötigt. Dieses muss bereits gut ausgebildet und ausgerüstet sein. Und genau diese Umstände fördern die Umstellung der Rekrutierungssysteme auf Freiwilligenarmeen, die dieses anscheinend gut ermöglichen.

Dem gegenüber steht eine Art Bewahrungsmentalität. Ein Land wie die Bundesrepublik, das bis zum Ende des Ost-West-Konfliktes international militärisch eher passiv aufgetreten ist, empfindet einen solchen *Professionalisierungsdruck* nicht in dem Maße. Man möchte die bisherigen zumeist guten Erfahrungen mit der Wehrpflicht nicht aufgeben und lieber an Bewährtem festhalten. So sucht man immer wieder auf den verschiedenen Ebenen des o.g. Wehrpflichtdiskurses nach Argumenten zur Begründung und Rechtfertigung der Wehrpflicht. Allerdings hat es den Anschein, dass man dabei eher in die Sackgasse hinein gerät, als einen Ausweg aus ihr zu finden. Die Protagonisten des Wehrpflichtdiskur-

---

6 Vgl. Werkner, Ines-Jacqueline, *Wehrpflicht oder Freiwilligenarmee? Wehrstrukturentscheidungen im europäischen Vergleich*, Frankfurt am Main 2006, S. 294f.

ses verwenden dabei Argumente, welche einerseits mit der Realität nur schwer in Einklang zu bringen sind und andererseits die Glaubwürdigkeit untergraben und von der Wehrpflicht-Opposition relativ leicht entkräftet werden können.[7] So denke man an ein immer wieder auftauchendes Argument, dass die Wehrpflicht die Klammer zwischen Streitkräften und Gesellschaft sei.[8] Bei 35.000 Einzuberufenden und einer jährlichen Quote von damit 0,04 % an der deutschen Gesellschaft, kann davon wahrlich nicht die Rede sein. Es ist also von beiden Seiten, einer Pro- wie einer Contraposition unter Zuhilfenahme durchaus sachlicher Argumente eine Begründung der Wehrpflicht möglich. Ein klassisches Patt also! Wie sehen diese Argumente im Einzelnen aus?

Die Pros
Zuerst auf der historischen Dimension

1. Streitkräfte können nicht ohne Berücksichtigung der jeweiligen Geschichte und Traditionen eines Landes betrachtet und konzipiert werden. Vor diesem Hintergrund ist die Wehrpflicht unverzichtbar.

2. Die Wehrpflicht ist ein Stabilitätsfaktor unserer Demokratie. Eine reine Freiwilligenarmee könnte wie in der Weimarer Republik zur Stätte antidemokratischen Denkens werden.[9]

3. Die Wehrpflicht ist das legitime Kind der Demokratie. Schon General

---

[7] Eine noch ausführlichere Darstellung der These der Patt-Situation ist zu finden in: Buch, Detlef, „5 plus 1" weiter gedacht: Die Wehrpflicht zwischen Glaubwürdigkeitslücke und Pattsituation! Wege zur höheren Akzeptanz und besseren Verständlichkeit der Wehrpflicht, in: Ahammer, Andreas/Nachtigall, Stephan (Hrsg.), *5 plus 1, Wehrplicht der Zukunft im Gesellschaftsdienst*, Baden-Baden, S. 135-161.

[8] Vgl. Merkel, Angela, *Rede der Bundeskanzlerin Dr. Angela Merkel zum Feierlichen Gelöbnis von Rekruten der Bundeswehr anlässlich des Jahrestages des 20. Juli 1944 vor dem Berliner Reichstagsgebäude*, Berlin, 20. Juli 2009.

[9] Man erinnere sich an die Theorie vom „Staat im Staate". Vgl. dazu Vgl. Frevert, Ute, Die kasernierte Nation, *Militärdienst und Zivilgesellschaft in Deutschland*, München 2001.

Scharnhorst sagte, dass jeder Bürger eines Staates auch deren geborener Verteidiger sei. In diesem Sinne ist die Wehrpflicht nicht nur da, um das nationale Selbstbestimmungsrecht zu erkämpfen, sondern sie diene auch dem allgemeinen Schutz der nationalen Souveränität und der persönlichen Freiheitsrechte aller Deutschen.[10]

Die Contras
Auf der historischen Dimension

1. Hieraus ist nicht zwangsläufig zu folgern, dass Deutschland trotz vorbildlicher demokratischer Bewährung, mehr als ein halbes Jahrhundert nach den Weltkriegen, an der Wehrpflicht festhalten muss.

2. Die Einbindung aller Männer in ein auf Zwang basierendes Wehrsystem leistet einer gesellschaftlichen Militarisierung Vorschub.[11]

3. Die französische Nationalversammlung hat die Wehrpflicht eingeführt, weil sie eine extrem große äußere Bedrohung sah. Prinzipiell sah sie noch 1789 die Wehrpflicht als inkompatibel mit der Idee der individuellen Freiheit an und plädierte für ein freiwilliges Anwerbesystem, welches als einziges demokratisch sei. Auch Thomas Jefferson, als einer der Verfassungsväter der USA sagte, dass er ein militärisches Zwangssystem für einen freien Bürger als nicht zumutbar empfand..[12]

---

10 Vgl. Frevert, Ute, Die kasernierte Nation, Militärdienst und Zivilgesellschaft in Deutschland, München 2001, S. 15ff; Originalzitat von Scharnhorst vom 31.08.1807, Vgl. dazu auch Rudolf Vaupel/Georg Winter, *Die Reorganisation des preußischen Staates unter Stein und Hardenberg, Teil II, Bd. 1*, Leipzig: Königlich Preußisches Staatsarchiv, 94.

11 Vgl. Frevert, Ute, Die kasernierte Nation, Militärdienst und Zivilgesellschaft in Deutschland, München 2001, S. 103ff.

12 Vgl. Gose, Stefan, *Wehrpflicht am Ende. Fakten und Argumente zur Abschaffung der Allgemeinen Wehrpficht in der BRD*, Berlin 2000, S. 7f.

Die Pros
Auf der verfassungsrechtlichen Dimension

1. Wehrpflicht ist die erste Pflicht eines jeden jungen Deutschen. Sie ist in Artikel 12a des Grundgesetzes verankert. Es obliegt den gesetzgebenden Organen Deutschlands, die Rekrutierungsform selbst zu bestimmen.[13]
2. Das Bundesverwaltungsgericht hat eindeutig bestätigt, dass die Einberufungspraxis der Bundeswehr nicht gegen das Grundgesetz verstößt. Der 6. Senat gab dem Gesetzgeber freie Hand, Ausnahmen vom Wehrdienst aus Gesundheits- und anderen Gründen festzuschreiben. Es komme für die Frage der Wehrgerechtigkeit nicht darauf an, dass mindestens ein bestimmter Prozentsatz eines Geburtsjahrganges zum Wehrdienst einberufen werde. Entscheidend sei, dass keine übermäßige Lücke zwischen der Zahl der Einberufenen und der Zahl der verfügbaren Wehrpflichtigen entstehe. Die Reduzierung der verfügbaren Rekruten durch eine Vielzahl von Ausnahmeregelungen sowie eine Erhöhung der Tauglichkeitsgrade ist somit rechtens.[14]
3. Die Beschränkung der Wehrpflicht auf Männer stellt keinen Verstoß gegen das Grundgesetz dar. Es liegt somit kein Verstoß gegen den Grundsatz der Gleichbehandlung gemäß Art. 3, Abs. 2, Abs. 3 des Grundgesetzes vor. Das Bundesverwaltungsgericht hat dazu entschieden, dass die wehrrechtlichen Bestimmungen als Ausnahmeregelungen gleichen Verfassungsranges zu sehen sind. Es liegt eine Ungleichbehand-

---

[13] Vgl. Jens Fleischauer, *Wehrpflichtarmee und Wehrgerechtigkeit, Die Verfassungsmäßigkeit der allgemeinen Wehrpflicht im Blickwinkel sicherheitspolitischer, gesellschaftlicher und demographischer Veränderungen*, Hamburg 2007.
[14] Vgl. Bundesverwaltungsgericht, *Beschluss vom 19.01.2005*, Az.: BVerwG 6C9.04, Leipzig, 19.01.2005.

lung dann nicht vor, wenn andere Grundrechte oder gleichrangige Verfassungsnormen explizit Differenzierungen zulassen.[15]

4. Die Abschaffung der Wehrpflicht würde eine Reihe irreversibler Komplikationen mit sich bringen. Außerdem müsste sich eine 2/3 Mehrheit in Bundestag und Bundesrat zur Grundgesetzänderung finden.

Die Contras
Auf der verfassungsrechtlichen Dimension

1. Die verfassungsrechtliche Verankerung der allgemeinen Wehrpflicht stammt aus den 50-er Jahren des 20. Jahrhunderts, einer Zeit, in der der Staat und seine verfassungsrechtlich verankerten Werte nur mit einer Allgemeinen Wehrpflicht zu schützen waren. Dieses ist längst überholt. Die Gesamtheit der Staatsbürger erlege damit den jungen Männern Deutschlands eine enorme Belastung auf und beutet sie zu ihren Gunsten aus.

2. Es besteht schon lange keine Wehrgerechtigkeit mehr in Deutschland, so dass wir eigentlich längst von einer Auswahlwehrpflicht sprechen müssen. Von den jährlich ca. 430.000 bis ins Jahre 2010 zur Verfügung stehenden jungen Männern, werden nur noch ca. 13% (57.000) pro Jahr tatsächlich zum Wehrdienst einberufen. Dies widerspricht dem Gleichheitsgrundsatz des Grundgesetzes und ist absolut willkürlich. Die Bundeswehr darf nicht die Anzahl ihrer verfügbaren Rekruten einfach durch Anhebung der Tauglichkeitskriterien und Erlass von Ausnahmerege-

---

15 Vgl. Jens Fleischauer, Wehrpflichtarmee und Wehrgerechtigkeit. *Die Verfassungsmäßigkeit der allgemeinen Wehrpflicht im Blickwinkel sicherheitspolitischer, gesellschaftlicher und demographischer Veränderungen*, Hamburg 2007.

lungen selbständig und offenbar absolut willkürlich verändern und somit ihren Bedürfnissen anpassen.

3. Dadurch, dass die Wehrpflicht nicht für Frauen gilt, widerspricht sie dem Gleichheitsgrundsatz des Grundgesetzes und ist somit nicht verfassungsgemäß. Die Begründung Frauen seien leistungsbiologisch gegenüber Männern im Nachteil ist spätestens seit dem Kreil-Urteil[16] sowie der Rechtssprechung des Bundesverfassungsgerichtes zum Feuerwehrdienst[17] hinfällig. Ebenso ist die Nicht-Heranziehung von Frauen nach einschlägiger Rechtsprechung nicht mehr mit der Mutter-Funktion zu rechtfertigen.[18]

4. In Artikel 12a Absatz 1 des Grundgesetzes ist lediglich festgehalten, dass Männer vom vollendeten 18. Lebensjahr an zum Dienst in den Streitkräften herangezogen werden können. Mit dem Wort „können" stellt es die Verfassung den gesetzgebenden Organen Deutschlands frei, die Rekrutierungsfrage selbst zu bestimmen. Somit ergeben sich bei Einführung einer Freiwilligenarmee keinerlei verfassungsrechtliche Schranken, auch eine Änderung des Grundgesetzes wäre bei einer Aussetzung der Wehrpflicht also nicht notwendig.

Die Pros
Auf der sicherheitspolitischen Dimension

1. Die Wehrpflicht passt uneingeschränkt zu den deutschen Normen des Antimilitarismus, des Defensivcharakters der Streitkräfte und zur Politik

---

16 Vgl. Jens Fleischauer, Wehrpflichtarmee und Wehrgerechtigkeit. . *Die Verfassungsmäßigkeit der allgemeinen Wehrpflicht im Blickwinkel sicherheitspolitischer, gesellschaftlicher und demographischer Veränderungen*, Hamburg 2007.
17 Vgl. ebd.
18 Vgl. ebd.

der Zurückhaltung. Des Weiteren wird Stabilität in der politischen Kultur der Bundesrepublik Deutschland sehr hoch bewertet und ist auch in der Außen- und Sicherheitspolitik das Kennzeichen eines parteipolitischen Konsenses.

2. Des Weiteren kann ein Angriff auf Deutschland nicht komplett ausgeschlossen werden. Wehrpflicht als Rekrutierungsform der Streitkräfte sorgt in diesem Zusammenhang dafür, dass sie die Fähigkeit zur Rekonstitution der Streitkräfte erhält. Sie erhält der Bundeswehr und damit der Bundesrepublik Deutschland die Fähigkeit, auf alle Risiken flexibel zu reagieren.[19]

3. Wehrpflichtige haben die Möglichkeit ihren Wehrdienst freiwillig um bis zu 14 Monate zu verlängern und leisten dann als „Freiwillig Grundwehrdienst Leistende" auch im Rahmen internationaler Einsätze zur Konfliktverhütung und Krisenbewältigung unverzichtbare Aufgaben im Auslandseinsatz. Während der ersten 9 Monate tun sie dies auch, jedoch auf Deutschland beschränkt. Hierzu gehören dann insbesondere Unterstützungsaufgaben in der Heimat, ohne die die Einsätze unmöglich wären.[20]

Die Contras
Auf der sicherheitspolitischen Dimension

1. Wehrpflicht führt zu einer Begrenzung der Kapazitäten im Rahmen

---

[19] Vgl. Bundesministerium der Verteidigung (Hg.), *Wehrpflicht, Wehrform mit Zukunft*, Berlin 2008.
[20] Vgl. Franz-Josef Jung, *Warum wir die Wehrpflicht brauchen – Junge Männer die den Grundwehrdienst leisten, stärken die Armee in der Demokratie*, in: Handelsblatt, (13.09.2007), S. 8.

gemeinsamer europäischer und transatlantischer Außen- und Sicherheitspolitik und damit einhergehend zu einer Begrenzung der Wahrnehmung internationaler Verpflichtungen.

2. Die Argumentation, Deutschland brauche die Wehrpflicht zur Verteidigung des Landes gegen einen benachbarten Staat, ist absolut künstlich. Mittelfristig gibt es keine existentielle Bedrohung Deutschlands.

3. Die Bundeswehr ist eine Armee im Einsatz. Dieser bestimmt Auftrag, Struktur und Ausrüstung der Bundeswehr. Diese Aufgabenfocussierung macht eine hoch-professionelle und spezialisierte Freiwilligenarmee unumgänglich. Zumal regulär Wehrpflichtige, mit Ausnahme der sogenannten Freiwillig Wehrdienstleistenden, quasi kurzdienenden Zeitsoldaten, nicht an Auslandseinsätzen teilnehmen.

Die Pros
Auf der gesellschaftspolitischen Dimension

1. Die Wehrpflicht ist die modernere Form. Sie beteiligt alle Bürger an der Verteidigung des Staates und seiner Werteordnung. Dies darf nicht ausschließlich an Spezialisten delegiert werden. Sie ist damit ein Spiegel der Gesellschaft.

2. In einer stark individualisierten Gesellschaft, umgeben von einer Generation von Egoisten, ist ein Verlust traditioneller Werte, die zunehmende Vereinzelung der Menschen, die Vereinsamung von Menschen sowie eine immer stärker werdende Entsolidarisierung und Rücksichtslosigkeit festzustellen. Die Wehrpflicht bietet eine der wenigen Möglichkeiten der sozialen Verantwortungsübernahme und Begegnung mit

Menschen aller sozialen Schichten und der unterschiedlichsten Herkunft.[21]

3. Rund zwei Drittel der Deutschen votieren regelmäßig für die Beibehaltung der Wehrpflicht und unterstreichen damit deren Verankerung in der Bevölkerung.[22]

Die Contras
Auf der gesellschaftspolitischen Dimension

1. Es ist nicht davon zu sprechen, dass die Wehrpflicht ein Ausdruck und Bereitschaft dafür ist, sich in den Dienst der Gemeinschaft zu stellen, wenn regelmäßig über die vergangenen Jahre weniger als ein Viertel der Wehrpflichtigen einberufen worden ist. Darüberhinaus steht in Frage, ob es einem demokratischen Staat überhaupt würdig ist, seine Bürger mit Zwang zu freien, handlungsfähigen und verantwortungsvollen Menschen zu machen. Ein Pflichtdienst widerspricht dem wesentlichen demokratischen Prinzip der Freiheit. Zudem ist die Bundeswehr, insbesondere die Wehrpflicht eher ein Zerrspiegel der Gesellschaft. Immer mehr Ausnahmeregelungen, inklusive des Höchstalters von 23 Jahren sowie die sinkenden Bedarfszahlen machen dies möglich.[23]

2. Junge Menschen werden heutzutage durch eine verordnete Solidarität

---

[21] Vgl. Ulrich Beck, *Riskante Freiheiten*, Frankfurt am Main 1994 sowie Hans van der Loo/Willem van Reijen, *Modernisierung, Projekt und Paradox*, München 1992.
[22] Vgl. Sozialwissenschaftliches Institut der Bundeswehr, *Bevölkerungsbefragung 2008, Sicherheits- und verteidigungspolitisches Meinungsklima in Deutschland, Kurzbericht*, Strausberg, November 2008.
[23] Vgl. Hans-Dieter Lemke, *Welche Bundeswehr für den neuen Auftrag? Die Freiwilligenarmee ist die bessere Lösung*, Berlin: Stiftung Wissenschaft und Politik, Juni 2003 (S 26/03).

eher abgeschreckt als motiviert, sich solidarisch für die Gemeinschaft einzusetzen. Sie wachsen in einer Gesellschaft auf, in der Freiheit eines der bestimmenden Kriterien ist. Die Zwangsrekrutierung zum Wehrdienst untergräbt die Identifikation mit der Gesellschaft gerade an der Stelle, nämlich am Übergang von Schule ins Berufsleben, an der die jungen Männer beginnen wollen, soziale Verantwortung zu übernehmen.[24]

3. Die zwei Drittel Wehrpflicht-Zustimmung erscheinen belanglos angesichts der praktisch wie gesellschaftspolitisch bedeutenden Tatsache, dass die Anzahl der Kriegsdienstverweigerer alljährlich erheblich höher ist als die der Einberufenen.

Die Pros
Auf der militärisch-personellen Dimension

1. Eine Wehrpflichtarmee verfügt gegenüber einer Freiwilligenarmee über ein wesentlich größeres Potential an Reservisten.
2. Durch die Wehrpflicht ist es leicht, hochqualifiziertes Personal zu rekrutieren. Ohne die Wehrpflicht würde die Bundeswehr nicht mehr über all jene Fähigkeiten verfügen, die die Grundwehrdienstleistenden mitbringen. Nur die Wehrpflicht ermöglicht diesen ständigen, hochwertigen Personalaustausch.
3. Die Wehrpflicht stellt einen großen Personalpool für die Rekrutierung von Zeit- und Berufssoldaten dar. Nur durch sie, können junge Menschen mit speziellen Fähigkeiten in die Streitkräfte geholt werden.

---

24 Vgl. Hissler, Sascha, *Das Militär in der Postmoderne – Elemente des Wandels*, München: Studienarbeit, 2001 (Grin Verlag für akademische Texte, Dokument Nr. V7515).

4. Bei Einführung einer Freiwillenarmee müssen, so auch bei der Bundeswehr, auf jeden Fall mehr Freiwillige gewonnen werden. Die Erfahrungen anderer Länder, wie den USA und Großbritannien zeigen, dass dies zu erheblichen Problemen in der Personalgewinnung führen kann.[25]

5. Die Einführung von Freiwilligenarmeen würde immense zusätzliche Kosten für umfangreiche Werbekampagnen und teuer bezahlte Anreizsysteme verschlingen.

6. Eine Freiwilligenarmee hat ein wesentlich höheres Durchschnittsalter.

7. Eine Freiwilligenarmee muss die Qualitätsansprüche seiner Bewerber deutlich senken. Immer wieder ist aus anderen Ländern sogar von der Rekrutierung von Straffälligen zu lesen.[26]

Die Contras
Auf der militärisch-personellen Dimension

1. Auch bei einer Freiwilligenarmee werden, abhängig von deren Größe, jedes Jahr mehrere Tausend Menschen die Streitkräfte verlassen, um in den Reservistenstand zu wechseln. Heute sind es bereits ca. 20.000 pro Jahr. Dieser Pool reicht vollkommen aus, um die sehr unwahrscheinliche Landesverteidigung, die mit langen Vorwarnzeiten verbunden ist, ge-

---

25 Vgl. Deutscher Bundestag, *Hat die Wehrpflicht eine Zukunft? – Ein Beitrag zur aktuellen Diskussion*, Berlin: Wissenschaftliche Dienste des Deutschen Bundestages, Fachbereich II, WF II 144/03, (Oktober 2003), S. 17f.

26 Vgl. Werner Siemann, *98. Sitzung des Deutschen Bundestages in der 14. Wahlperiode*, Berlin, 6. 04. 2000; Mark Adamshick, *Social Representation in the U.S. Military Services*, Circle Working Paper 32 (MAY 2005), S. 3; Helmut Sorge, *E-Mail aus Hollywood: Die Armee der Underdogs*, Spiegel Online, 12.02.2003; William O'Hare/ Bill Bishop, *U.S. Rural Soldiers Account for a Disproportionately High Share of Casualties in Iraq and Afghanistan*, Carsey Institute Fact Sheet No. 2 (Fall 2006).

währleisten zu können. Auch ist es unter pädagogischen und lernpsychologischen Aspekten als sehr fraglich anzusehen, inwiefern ein Soldat, der 9 Monate Wehrdienst geleistet hat, nach Jahren der „Abstinenz" vom Militär, im Falle seiner Mobilmachung bessere und tiefere Kenntnisse, Fähigkeiten und Fertigkeiten besitzen soll, als irgend ein unausgebildeter anderweitiger junger Mann.

2. Wehrpflichtige werden im Regelfall bis zum vollendeten 23. Lebensjahr einberufen. Die Auswertung gängiger Statistiken zur Berufsentwicklung junger Menschen in Deutschland zeigt schnell, dass Hochqualifizierte erst weit nach ihrem 23. Geburtstag über weitreichende berufliche Fähigkeiten und Fertigkeiten verfügen. Es ist daher nicht haltbar zu argumentieren, dass die Wehrpflicht Gut- und Hochqualifizierte in die Streitkräfte hole.[27]

3. Es ist kein legitimes Argument, die Wehrpflicht aufrechterhalten zu wollen, um Zeit- und Berufssoldaten zu rekrutieren. Man erklärt so einen Nebennutzen der Wehrpflicht zu einem Hauptnutzen. Darüber hinaus wird bezweifelt, dass der Effekt der Verpflichtungen von Wehrpflichtigen wirklich dem Grundwehrdienst zugeschrieben werden kann. Es ist daher anzunehmen, dass die späteren Zeit- und Berufssoldaten ihren Berufswunsch schon vor der Zeit ihrer Wehrpflicht hegen.

4. Freiwillige sind aufgrund ihrer längeren und besseren Ausbildung effizienter als Wehrpflichtige. Sie verfügen über eine höhere Motivation und Einsatzbereitschaft. Eine deutliche Reduzierung der Bundeswehr würde damit durch die Qualität und Motivation des Personals aufgefan-

---

27 Vgl. Statistisches Bundesamt, *Statistisches Jahrbuch 2008*, Wiesbaden 2008, S. 70-95.

gen werden. Zudem würde dadurch eine Reihe von Personal freigesetzt werden, welches im Moment noch ständig mit Ausbildung gebunden ist.

5. Eine verstärkte Nachwuchswerbung muss nicht zwangsläufig mit höheren Kosten verbunden sein. Methoden wie Kooptation und Tutoring sind zwei Wege die Effizienz der Nachwuchsgewinnung zu erhöhen, ohne die Kosten explodieren zu lassen.[28]

6. Die Bedienung hochmoderner Waffentechnologie in Verbindung mit Erfahrung erfordert einen gut und umfassend ausgebildeten Soldaten. Ein höheres Lebensalter ist daher nicht nur nicht hinderlich, sondern sogar positiv zu bewerten, weil es unumgänglich ist.

7. Im Zuge der Umstellung auf eine Freiwilligenarmee würde es aufgrund stärkerer Spezialisierungen sowie weiter steigender Anforderungen an militärische Vorgesetzte als auch der immer mehr voranschreiten Internationalisierung der Streitkräfte, zu einer Erhöhung des allgemeinen Ausbildungsniveaus kommen (Sprachen, Informatik etc.). Zudem würde eine stärkere Focussierung auf die zivilberuflichen Orientierungen -vor und nach dem Dienst beim Militär- gelegt werden. Ein rundum attraktiver Arbeitgeber, operierend mit einer intelligenten und moder-

---

28 Die erwähnten Methoden der Kooptation und des Tutoring sind moderne und zukunftsweisende Bestandteile einer erfolgrechen Nachwuchsgewinnung. Sie beruhen auf einer hohen Mitbestimmung und Beteiligung der Verantwortlichen und nehmen die Mitglieder einer Institution „in die Pflicht", für diese zu werben. Sie werden bereits erfolgreich in europäischen Großunternehmen oder auch ausländischen staatlichen bzw. halbstaatlichen Organisationen durchgeführt. Näher beschrieben sind sie in: Buch, Detlef, „5 plus 1" weiter gedacht, Die Wehrpflicht zwischen Glaubwürdigkeitslücke und Pattsituation – Wege zur höheren Akzeptanz und besseren Verständlichkeit der Wehrpflicht, in: Ahammer, Andreas/Nachtigall, Stephan, 5 plus 1 – *Wehrpflicht der Zukunft im Gesellschaftsdienst, Mit einem Vorwort vom Wehrbeauftragten des Deutschen Bundestages und einem Beitrag von Dr. Detlef Buch*, Baden-Baden 2009.

nen Rekrutierungsstrategie, müsste sich keine Gedanken um die Qualität seines Nachwuchses machen. Nicht jetzt und auch nicht in absehbarer Zeit.

Das Pro
Auf der ökonomischen Dimension

Es existieren zahlreiche Analysen die entweder die Vorteile des einen oder des anderen Rekrutierungssystems belegen.[29]

Unumstritten ist dabei lediglich, dass ein Freiwilliger einen höheren Sold für seine Arbeit bekommt als ein Wehrdienstleistender. Würde man versuchen, die Wehrpflichtarmee durch eine ebenso große Freiwilligenarmee zu ersetzen, würden die Lohnkosten schnell das Doppelte der Kosten einer Wehrpflichtarmee einnehmen. Weiterhin gehen Befürworter der Wehrpflicht davon aus, dass sogenannte Allokationsverluste nicht entstehen, da Wehrpflichtige während ihres Dienstes ihren Qualifikationen entsprechen eingesetzt würden. Gleichzeitig, so die Befürworter weiter, käme es zu einer Entlastung öffentlicher Kassen, wenn evtl. Arbeitslose als Wehrpflichtige einberufen werden. Man könne so Sozialhilfe- oder Arbeitslosengeldzahlungen einsparen.

---

29 Vgl. dazu Hans-Dieter Lemke, Welche Bundeswehr für den neuen Auftrag? Die Freiwilligenarmee ist die bessere Lösung, Berlin: Stiftung Wissenschaft und Politik, Juni 2003 (S 26/03); Matthias Sehmsdorf, Wehrpflicht – versus Freiwilligenarmee, Ausgewählte ökonomische Aspekte des Wehrsystems, Hamburg 1998; Florian Birkenfeld, Die Wehrpflicht in Deutschland, Kosten, Vergleich, Perspektiven, Saarbrücken 2006; Vgl. Reymer Klüver, *Das Sakrileg des Generals a.D.-Studie: Berufssoldaten wären nicht teurer als Wehrpflichtige*, in: *Süddeutsche Zeitung* (17.06.2004), S. 10.

Aber auch weitere Argumente ökonomischer Natur werden mit ins Spiel gebracht: Dies ist zum Einen, dass bei weiterer Reduzierung der Bundeswehr höchstwahrscheinlich eine Reihe von Bundeswehrstandorten geschlossen werden müsste. Dies würde zum Arbeitsplatzverlust in den betreffenden Regionen führen. Kommunale und regionale Wirtschaftsprobleme würden sich verstärken. Zum Anderen würde, auch wenn dies inzwischen von den Verantwortlichen bestritten wird, der Zivildienst und seine Stützfunktion für den sozialen Sektor über kurz oder lang entfallen.[30]

Das Contra
Auf der ökonomischer Dimension

Manche Befürworter der Wehrpflicht unterschlagen dabei jedoch, dass man im Falle der Einführung einer Freiwilligenarmee eine geringere Anzahl von Soldaten bräuchte. Eine Kostensenkung im Personalbereich ist nur zu erwarten, wenn deutlich weniger als die Hälfte der heutigen Wehrpflichtigendienstposten durch entsprechende Zeitsoldaten besetzt werden würde. Eine Bundeswehr dieser Größenordnung hätte damit eine Gesamtstärke von gut 210.000 Männern und Frauen. Ob damit alle politischen Aufträge zu erfüllen sind, muss durch Regierung und Parlament geprüft werden.[31] Der Vergleich der reinen Personalkosten pro Soldat ist allerdings unzweckmäßig. Aspekte wie die Qualität der Ausrüs-

---
30 Vgl. Kommission Europäische Sicherheit und Zukunft der Bundeswehr am IFSH, *Der Wegfall des Zivildienstes muss nicht mehr schrecken*, in: *Sicherheit und Frieden*, 22 (Februar 2004), S. 101-104.
31 Vgl. Deutscher Bundestag, *Hat die Wehrpflicht eine Zukunft?* [wie FN 17], S. 11f.

tung, Intensivierung der Nachwuchsgewinnung oder Maßnahmen zur Attraktivitätssteigerung sind ebenso zu berücksichtigen.

Wehrpflichtkritiker argumentieren darüberhinaus mit den sogenannten indirekten Kosten. Gemeint ist, dass ein großer Teil der anfallenden Kosten nicht im Verteidigungsetat erscheint, denn Wehrpflichtige zahlen weder Steuern, noch Sozialversicherungsbeiträge. Darüber hinaus entständen volkswirtschaftliche Opportunitätskosten, da ein Wehrdienstleistender in seinem erlernten Beruf in dieser Zeit eine höhere Produktivität erzielen würde. Freiwilligenarmeen entsprächen zudem besser dem Prinzip einer arbeitsteiligen Industriegesellschaft.

2. Die Auswahl der Länder
und deren individuelle Abschaffungsentscheidungen

Die Auswahl der Länder erfolgte aus verschiedenen Gründen und Kriterien. Zum einen haben alle gewählten Länder die Wehrpflicht bereits vor einigen Jahren abgeschafft und verfügen daher bereits über zahlreiche Erkenntnisse der Folgen einer Abschaffung der Wehrpflicht. Diese Erkenntnisse sind zudem bereits empirisch belegt, was die wissenschaftliche Arbeit und Vergleichbarkeit erst ermöglicht. Zum anderen wurden vor dem Hintergrund der Fragestellung der Studie diese vier Staaten ausgewählt, weil sie ein „most similar system design" aufweisen. In den ausgewählten Ländern herrschen demnach soziokulturell, historisch-kulturell sowie politisch und wirtschaftlich ähnliche Rahmenbedingungen wie in der Bundesrepublik, was eine Vergleichbarkeit der Ergebnisse sowie Anwendbarkeit auf deutsche Verhältnisse erleichtert.

Dabei darf jedoch ein wesentlicher Punkt nicht vergessen werden. Alle hier zu untersuchenden Länder haben die Entscheidung zur Abschaffung der Wehrpflicht aus einer Reihe von objektiven Gründen, wie der geänderten sicherheitspolitischen Lage oder den finanziellen Rahmenbedingungen heraus getroffen aber auch aus einer ganzen Reihe von rein nationalen, oft sehr subjektiven Bedürfnissen, wie z.B. der Erlangung von Vorteilen innerhalb von nationalen Wahlkämpfen. Die individuellen Abschaffungsentscheidungen waren somit oft stark national getrieben und spielten z.B. nicht selten eine Rolle, um bestimmte Wählergruppen zu lenken oder andere Mehrheiten zu gewinnen. Prominentes letztes Beispiel, wenn auch hier nicht näher betrachtet, ist die Aussetzung der polnischen Wehrpflicht in diesem Jahr.[32] Somit gibt es demnach objektive wie subjektive Gründe der individuellen Abschaffungsentscheidungen.

Im Folgenden sollen daher in der gebotenen Kürze die objektiven wie subjektiven Beweggründe sowie die Hoffnungen und Erwartungen skizziert werden, die die jeweiligen Länder mit der Wehrpflichtabschaffung verbunden haben. Daran anschließend werden dann die jeweiligen Folgen untersucht.

Frankreich

Frankreich, das bis Mitte der 1990-er Jahre noch das größte Massenheer Europas inklusive einem sehr hohen Anteil von Wehrpflichtigen besaß, hat ab Ende 2001 keine Wehrpflichtigen mehr einberufen. Die rechtliche Grundlage dieses Umstands war das Gesetz zur Streitkräfteplanung für die Jahre 1997-2002 (*Loi de Programmation Militaire/LPM*) vom 22.02.1996. Obwohl dies für viele überraschend kam, ist es doch nur die logische Konsequenz aus den politischen und gesellschaftlichen Umständen Frankreichs gewesen.[33] Zum einen war dies die bis heute starke Prägung der französischen Sicherheits- und Verteidigungspolitik durch den damaligen Staatspräsidenten de Gaulle. Diese basiert auf zwei divergierenden Prinzipien: der Entscheidungsautonomie Frankreichs und der Solidarität mit den Verbündeten. Dies muss man zum zweiten in Verbin-

---

[32] Vgl. Kulish, Nicholas, *As Draft Ends, Polish Military Faces Struggle to Modernize*, in: New York Times, 12.12.2008, S. A06.
[33] Vgl. Gauzy-Krieger, Florence /Meyer, Berthold, *Wege und Umwege zur Professionalisierung, Ein Vergleich der Militärreformen in Frankreich und Deutschland*, Frankfurt am Main: Hessische Stiftung Friedens- und Konfliktforschung, (HSFK-Report 16/2003).

dung sehen mit den veränderten sicherheitspolitischen Gegebenheiten zu Beginn und Mitte der 90er Jahre. Nachdem Frankreich zum ersten Mal in der Geschichte nicht mehr direkt territorial bedroht war, erschien 1994 ein Weißbuch, was der französischen Sicherheits- und Verteidigungspolitik drei Zielrichtungen vorgegeben hatte. Dies waren:

- die Verteidigung der vitalen und strategischen Interessen Frankreichs
- der Aufbau einer europäischen Sicherheits- und Verteidigungsidentität sowie
- die Stärkung der europäischen Handlungsfähigkeit im internationalen Krisen- und Konfliktmanagement

Auf Grundlage dieser Ziele war der Auftrag der französischen Streitkräfte im Weißbuch 1994 wie folgt definiert:

- Schutz der vitalen Interessen Frankreichs gegen jedwede Form der Aggression
- Beitrag zur Sicherheit und Verteidigung des europäischen und des Mittelmeerraumes im Hinblick auf eine gemeinsame europäische Verteidigungspolitik
- Beteiligung an den Maßnahmen zur Friedenserhaltung und Wahrung des Völkerrechtes sowie die Sicherung der Aufgaben des öffentlichen Dienstes, vor allem durch Stärkung der normalerweise mit Zivil- und Landesverteidigung betrauten Organisationen.

Dazu müssen die französischen Streitkräfte vier strategische Funktionen erfüllen: nukleare Abschreckung, Konfliktverhütung, Projektion und Schutz.

Unter Bündelung dieser Prämissen hatte der damalige Staatspräsident Jacques Chirac am 22. Februar 1996 in einer Fernsehansprache eine umfassende Reform der französischen Streitkräfte und den Übergang zur Freiwilligenarmee angekündigt. Für ihn war das „Verteidigungsinstrument"[34] Wehrpflichtarmee nicht mehr wirksam, modern und kostengünstig genug. Sein Ziel: 50.000-60.000 Mann außerhalb der Landesgrenzen einzusetzen und nicht wie bis dato maximal 10.000.

Anstoß für die Aussetzung war sicherlich die Tatsache, dass es Frankreich während des Golfkrieges 1990/91 nur mit Mühe gelungen war, ein Kontingent der Größenordnung Großbritanniens aufzustellen, obwohl die damalige französische Armee fast doppelt so groß war wie das britische Pendant. Darüberhinaus lässt sich die wesentliche Ursache im veränderten strategischen Kontext finden. Die Art der Konflikte hat sich mit dem Ende des Ost-West-Konfliktes bekanntermaßen geändert. Frankreich hat für sich entschieden, dass mit dem Verschwinden einer direkten militärischen Bedrohung eine Massenarmee nicht mehr benötigt wird. Für die neuen Aufträge der Streitkräfte braucht Frankreich erfahrene und gut ausgebildete Truppen, die im Rahmen sehr verschiedener Einsätze schnell eingreifen können. Die Umstellung auf eine Freiwilligenarmee zielte damit in erster Linie auf die Verfügbarkeit erfahrener und gut ausgebildeter Streitkräfte ab. Des Weiteren gab es aber auch gesellschaftliche Gründe: Hier sind insbesondere die stark abnehmende Wehrgerechtigkeit sowie die ungleiche Verteilung der Wehrpflicht in der Gesellschaft zu nennen. Zum anderen wurde immer wieder die gesellschaftspolitisch relevante Frage aufgeworfen, ob man Wehrpflichtige in internationale Einsätze bringen kann, die zwar im politischen Interesse Frankreichs lägen aber nicht existenziell sind. Vor diesem Hintergrund

---

34 Vgl. *Fernsehansprache des französischen Staatspräsidenten Jacques Chirac vom 22.02.1996*, zit. nach Gauzy-Krieger, Florence/Meyer, Berthold, *Wege und Umwege zur Professionalisierung* [wie FN 33], a.a.O.

wurde die Abschaffung der Wehrpflicht somit auch als Wahlargument instrumentalisiert.[35]

Spanien

Seit 1989/90 ist auch in Spanien ein Wandel im Aufgabenspektrum der Streitkräfte erkennbar. Die Teilnahme an internationalen Einsätzen rückt vor die Landes- und Bündnisverteidigung in den Vordergrund. Dabei gab es nicht erst mit dem Ende des Kalten Krieges umfassende Wehrstrukturreformen. Diese setzten bereits in den 1980er Jahren nach Ende der Franco-Diktatur, gescheiterten Putschabsichten des Militärs und den ersten Jahren der *transición* ein. Dieser Reform- und Modernisierungsprozess führte Spanien weg von ausgeprägtem Militarismus, von Interventionismus und Innenorientierung und hin zu einem anerkannten Partner in Nato und EU sowie starken Partner der USA und Großbritanniens, welcher ausgestattet ist mit flexiblen und mobilen Streitkräften zur Krisenbewältigung.

Nirgendwo war die Wehrpflicht umstrittener als in Spanien. Die Spanier identifizierten die Armee mit Franco und den Katalanen und Basken und sahen sie als Besatzerheer. Die von Franco eingeführte Wehrpflicht wurde 1984 an demokratische Verhältnisse angepasst. Im Zuge der Nato-Aufnahme Spaniens 1986 jedoch entbrannte die Diskussion neu. Es wurde ein 9-monatiger Wehrdienst eingeführt mit der Möglichkeit 13 Monate Ersatzdienst zu leisten.[36]

Trotz einer langen Wehrpflichttradition in Spanien haben die Wehrpflichtigen bis zuletzt unter Bedingungen gelebt und gearbeitet, die

---

[35] Vgl. Irondelle, Bastien, Civil-Military Relations and the End of Conscription in France, in: *Security Studies*, (01.03.2003), S. 157-187.
[36] Vgl. Antimilitarismus Information, *Spanien: Abschaffung der Wehrpflicht*, in: ami, 31 (August 2001), 7-8, S. 7ff.

kaum mit demokratischen und rechtsstaatlichen Normen vereinbar waren. Dies führte u.a. dazu, dass die Wehrpflicht in der Gesellschaft keinen besonders hohen Stellenwert hatte. Umfragen gingen am Ende der Wehrpflichtperiode von nur noch 5-9% Zustimmung zur Wehrpflicht in der Gesamtbevölkerung aus. Grund dafür ist sicherlich aber auch die über 40-jährige Franco-Diktatur, welche generell eine negative Stimmung dem Militär gegenüber erzeugt hat. Des Weiteren waren die Quoten der Kriegsdienstverweigerer bis zuletzt sehr hoch. Auch die zunehmende Anzahl der *insumisos*, die weder Wehr- noch Zivildienst leisteten, zeugt von der Unpopularität des Wehrdienstes. Es wurde dabei bis zuletzt bei der Auswahl der Wehrpflichtigen auf die umstrittene Form des Freiloses zurückgegriffen. 1986 erhielten so z.B. von den rund 300.000 Wehrtauglichen ca. 90.000 ein Freilos und waren damit vom Wehr- als auch vom Zivildienst befreit.[37] Der Wehrdienst wurde besonders von der jungen Generation als wenig attraktiv und als verlorene Zeit betrachtet. Dem Militär wurde implizit vorgeworfen, die Wehrpflichtigen demnach als einfache, billige Arbeitskräfte einzusetzen, sie schlecht zu bezahlen und zu behandeln. Darüber hinaus gibt das spanische Verteidigungsministerium als offiziellen Grund den Einfluss moderner Technologien auf die Verteidigungsorganisation an.[38]

Die Niederlande

Wie in anderen Ländern auch, so war die veränderte sicherheitspolitische Situation ab Beginn der 90-er Jahre der Auslöser des Transformationsprozesses der niederländischen Streitkräfte. Friedenserhaltende und

---

37 Vgl. Fischer, Martina, *Spaniens ungeliebtes Militär. Legitimationsdefizite, öffentliche Meinung, Protestbewegungen und die Reaktionen des Militärapparates (1982-1992)*, Frankfurt 1996, S. 292ff.
38 Vgl. ebd., a.a.O.

–erzwingende Einsätze, ohne die Beteiligung Wehrpflichtiger, rückten gemäß dem 1991 verabschiedeten Weißbuch in den Mittelpunkt des internationalen Krisenmanagements. Welche Schwächen dabei bestanden, erlebte man während des Golfkriegs von 1990/91. Dieser förderte besonders Mängel im Bereich der Luft- und Seetransportfähigkeiten zu Tage und erhöhte den Druck nach Professionalisierung der Streitkräfte.[39] Im Rahmen dieser starken Einsatzorientierung in Verbindung mit einer tiefgreifenden Streitkräftereduzierung, setzte der Verteidigungsminister die Kommission „Meijer" ein. Diese sollte die Möglichkeit eines Übergangs zu einer Freiwilligenarmee prüfen. Im vorgelegten Abschlussbericht wurde dann eine Beibehaltung der Wehrpflicht empfohlen, da man besonders im Bereich der Nachwuchsrekrutierung Probleme sah. Ungeachtet dieser Empfehlung und gestützt auf ein darauffolgendes Gegengutachten des „Maatschappelijke Raad vor de Krijgsmacht" beschloss die Regierung die Abschaffung der Wehrpflicht. So wurden dann unter 16-monatiger Verkürzung der Übergangszeit am 22.08.1996 die letzen Wehrpflichtigen einberufen.[40]

Für die Niederlande spielten dabei wie erwähnt zum einen die geänderte geostrategische Lage und zum anderen der enorme Finanzdruck eine bedeutende Rolle. Beides führte zu einer radikalen Umfangreduzierung und letzten Endes dazu, dass die von Willem I. 1815 eingeführte Wehrpflicht abgeschafft wurde. Damit in Verbindung stand eine zunehmende Out-of-Area Orientierung der niederländischen Streitkräfte, verbunden mit Forderungen nach schneller Einsatzfähigkeit.[41] Man kann

---

39 Vgl. Doel, Theo van den, A Review of Dutch Defence Policy – Challenges and Risks, in: Siccama, Jan Geert/Doel, Theo van den (Hrsg.), *Restructuring Armed Forces in East and West*, Westview, S. 57-67.
40 Vgl. ebd., a.a.O.
41 Vgl. van Dort, Hugo, *Zur Frage der Wehrpflicht*, Ein Vergleich zwischen der niederländischen und der deutschen Wehrpflicht-Diskussion, in: Österreichische Militärzeitschrift, 42 (Jänner/Februar 2004), S. 63-67.

durchaus sagen, die Wehrpflicht selber war nicht besonders tief im Bewusstsein der niederländischen Gesellschaft verwurzelt.[42] So war es z.B. relativ unkompliziert, den Wehrdienst zu verweigern. Dies führte u.a. dazu, dass zu Beginn der 90-er Jahre nur noch etwas mehr als ein Drittel der Wehrpflichtigen einberufen wurde und es so zu einem drastischen Absinken der Wehrgerechtigkeit kam. Aber auch die als relativ unstrittig wahrgenommene Entscheidung zum Übergang in eine Freiwilligenarmee, mag als Indiz für die nicht besonders ausgeprägte Verankerung in der Gesellschaft dienen. Hinzu kommt, dass die Pflicht zum Wehrdienst zwar in der Verfassung der Niederlande festgelegt war, jedoch ein Rekurs auf demokratische Grundwerte in Bezug auf die Stellung und Funktionsfähigkeit der Streitkräfte explizit nicht genommen wurde.[43] So wurde eine Verfassungsänderung am 22. Juni 2000 auch mit Zustimmung beider Kammern des niederländischen Parlaments angenommen. Als Katalysatoren dafür dienten sicherlich die erwähnte fehlende ideologische Basis der Wehrpflicht und deren weniger stark ausgeprägte Militärtradition. Alle wichtigen im Parlament vertretenen Parteien waren sich einig, dass die Wehrpflicht nicht mehr das geeignete System sei, mit dem man das neue Aufgabenspektrum, um weltweit im Rahmen der internationalen Krisen- und Konfliktbewältigung zu agieren, erfüllen könne. So ist die Annahme des Gesetzes zur Aussetzung der Wehrpflicht per Hammerschlag, in dessen Vorfeld man sich auf politischer Ebene bereits auf den zu verabschiedenden Konsens geeinigt hatte, ein eindeutiges Zeichen für diese breite politische Mehrheit. Auch eine Rückkehr zur Wehrpflicht wird nicht erwogen.

---

42 Vgl. Horst, Han van der, Das niederländische Selbstbild, in: Moldenhauer, Gebhard/Vis, Jan (Hrsg.), *Die Niederlande und Deutschland, Einander kennen und verstehen*, Münster 2001, S. 295-305.

43 Vgl. Besselink, Leonard F.M., Military Law in the Netherlands, in: Nolte, Georg (Hrsg.), *European Military Law Systems*, Berlin 2003, S. 553.

Belgien

Belgien war das erste europäische Land, das nach 1990 auf eine Freiwilligenarmee umgestellt hat. Am 3. Juli 1992 wurde die Umstrukturierung der belgischen Streitkräfte mit Verabschiedung des Gesetzes zur Aussetzung der Wehrpflicht beschlossen. Diese Reform konnte sich dabei auf eine breite parlamentarische Mehrheit stützen. Ausgangspunkt der Reform war die Anpassung der Streitkräfte an die neuen geopolitischen und geostrategischen Gegebenheiten nach dem Ende des Ost-West-Konfliktes. Es sollte angesichts der neuen Realitäten die Verfügbarkeit, Einsatzfähigkeit und Effektivität der Streitkräfte erhöht werden. In Belgien war damals für die Entscheidung der Aussetzung, ähnlich wie heute in der Bundesrepublik, der Umstand sehr wichtig, dass die Wehrpflichtigen nicht zu Auslandseinsätzen herangezogen werden durften. Somit waren zu Beginn der 90-er Jahre ca. 40% der belgischen Armee nicht einsetzbar. Zudem spielte in Belgien der stark angespannte Verteidigungshaushalt eine wesentliche Rolle bei der drastischen Reform der Streitkräfte, insbesondere den starken Umfangreduzierungen. Hinzu kommt, dass nur noch zwei von zehn jungen Männern tatsächlich zum Wehrdienst einberufen wurden und somit die Wehrgerechtigkeit quasi nicht mehr bestand. Aber auch der Rückhalt in der Gesellschaft für die Wehrpflicht fehlte, so dass in Kumulation dieser Faktoren letzten Endes die Entscheidung zur Aussetzung getroffen wurde.[44] Alles in allem wurde diese Entscheidung allerdings sehr schnell getroffen und das Militär davon förmlich überrollt. Aufgrund dieser zügigen Umstrukturierung der Armee war es schwer, gezielt zu planen und Übergangsregelungen einzuführen. Dabei kollidierten die allgemeinen Strukturänderungen in

---

44 Vgl. Heinen, Gabriele, *Die Rüstungskontrollpolitik Belgiens. Sicherheitspolitische Interessenwahrnehmung eines Kleinstaates im Zwiespalt zwischen Allianzverpflichtungen und nationalen Belangen*, Münster 1997.

den Streitkräften mit der Aussetzungsentscheidung zur Wehrpflicht, was zu einer Kumulation der Umstellungsprobleme führte. Besonders das Fehlen der Wehrpflichtigen in der militärischen Struktur und deren Einsatz für einfache und einfachste Aufgaben wurde immer wieder bemängelt. Inzwischen ist man jedoch aufgrund der hohen Verfügbarkeit, Einsatzfähigkeit und Professionalität der Soldaten sowie dem geringeren Ausbildungsaufwand auf Seiten des Militärs sehr zufrieden mit der Entscheidung der Politik, die Wehrpflicht per Gesetz auszusetzen.[45]

---

45 Vgl. Manigart, Philippe, Risks and Recruitment in Postmodern Armed Forces – The Case of Belgium, in: *Armed Forces & Society*, 31, 4, 2005, S. 559-582.

3. Die Erfahrungscluster

Welche konkreten Erfahrungen haben die einzelnen Länder nun in der Abschaffung der Wehrpflicht gemacht? Diese werden im Folgenden zur besseren Übersichtlichkeit in Clustern zusammengefügt und anschließend auf Deutschland bezogen. So werden im Kommenden die Erfahrungswerte in ökonomischer, militärisch-personeller, sicherheitspolitisch-operativer und gesellschaftspolitischer Hinsicht zusammengefasst.

Ökonomisch

In Folge der Abschaffung der Wehrpflicht lassen sich die ökonomischen Folgen auf drei Kernbereiche konzentrieren. Dies ist zum ersten, die Reduzierung der anteiligen Verteidigungsausgaben am Bruttoinlandsprodukt, zum zweiten die Auswirkungen auf die Personalkosten am Verteidigungshaushalt und zum dritten die Einflüsse auf die Höhe des Investitionsanteils am Verteidigungsetat.

Verteidigungsetat und BIP
Im Zeitraum der letzten zwanzig Jahre hat sich der Anteil der Verteidigungsausgaben, gemessen am jeweiligen BIP, in den hier betrachteten Staaten um etwa 50% verringert. Dabei muss jedoch berücksichtigt werden, dass dies nicht nur eine Folge der Wehrpflichtabschaffung war, denn in allen Ländern ging eine weitreichende Streitkräftereduzierung mit der Wehrpflichtabschaffung Hand in Hand. So lassen sich die ökonomischen Folgen der Wehrpflichtabschaffung nur untrennbar mit derartigen innenpolitischen sowie außenpolitischen Herausforderungen der einzelnen Länder betrachten. Dieses hat natürlich einen Einfluss auf die schwierig herzustellende direkte Kausalität in puncto Abschaffung der

Wehrpflicht. Die signifikanten Verringerungen im BIP gehen demnach eher in dieser Kategorie auf eine Reduzierung der Streitkräfte im Allgemeinen zurück, zu der eben auch die Wehrpflichtabschaffung gehörte. Vor diesem Hintergrund entstand oftmals ein politischer Druck, der in Verbindung mit der neuen sicherheitspolitischen Lage, dem Wegfall der territorialen Bedrohung und dem Einzug der Friedensdividende zu einer deutlichen Reduzierung der Verteidigungsausgaben führte. Andere außenpolitische Herausforderungen, wie die europäische Wirtschafts- und Währungsunion mit Erfüllung der Maastricht-Kriterien, beeinflussten die signifikanten Änderungen der Verteidigungsausgaben ebenfalls. Für Spanien z.B. besaß dieses sogar oberste Priorität. Dies führte zu entsprechenden Handlungsoptionen und Konsequenzen bezüglich des Staatshaushalts.

In Spanien gab es dann eine signifikante Reduktion von 2,3% des BIP im Jahr 1985 auf derzeit ca. 1,2%, womit Spanien im unteren Spektrum der Nato- und EU-Staaten liegt.

Was Frankreich anbelangt, hatte dies bis 2003 eine Verringerung auf 2,6% des BIP zu verzeichnen und eine absolute Reduzierung um ca. 9%. In den Niederlanden konnten die Verteidigungsausgaben von 3% des BIP im Jahr 1985 auf mittlerweile ca. 1,5% verringert werden. Oder auch in Belgien: Hier hat sich der Anteil der Verteidigungsausgaben am BIP auf mittlerweile 1,3% reduziert und der gesamte Anteil der Ausgaben für Verteidigung um über 11%.

Im Fazit lässt sich konstatieren, dass es im Zuge von umfassenden Streitkräftereduzierungen in allen Ländern zu einer anteiligen Verringerung der Verteidigungsausgaben am BIP gekommen ist. Die Wehrpflichtabschaffung ist dabei jedoch nur als ein integraler Bestandteil einer Reihe von Reduzierungen zu sehen und nicht die Hauptursache.

Personalkosten und Verteidigungsetat

Der zweite Kernbereich der ökonomischen Auswirkungen ist der der internen Verteilung/Änderung der Personalkosten am jeweiligen Verteidigungsetat. Hier gilt es festzuhalten, dass direkte Abhängigkeiten zwischen Wehrform und Personalausgaben bestehen. Substituiert man also bei Beibehaltung des Umfangs der Streitkräfte die Wehrpflichtigen mit Freiwilligen, kommt es natürlich zu einer Erhöhung der Personalausgaben, Pensionszahlungen und Sozialabgaben. So hatte z.B. Frankreich trotz starker Reduzierung des Streitkräfteumfangs einen absoluten Mehrbedarf an Personalkosten von 30% auf 37% am Verteidigungsetat zu verzeichnen. Was Belgien anbelangt, so kam es zu einer signifikanten Erhöhung der Personalausgaben von ca. 50% zu dann 58%. Langfristig möchte Belgien mit der veranschlagten Gesamtstärke von zukünftig maximal 39.500 Soldatinnen und Soldaten höchsten 44% Personalausgaben am Gesamtetat haben.[46] Im Falle der Niederlande lässt sich eine definitive Bestimmung der Auswirkungen der Wehrpflichtabschaffung auf die Personalkosten nur sehr schwer vornehmen, da hier parallel zur Abschaffung eine drastische Reduzierung der Streitkräfte stattfand. In diesem Zuge kam es dann auch zu einer Reduzierung der Personalausgaben von knapp 47% auf dann ca. 36%.[47] Spanien betreffend muss konstatiert werden, dass hier die Umstellung auf Freiwilligenstreitkräfte im Jahre 2001 ohne eine zusätzliche Anschubfinanzierung realisiert wurde. Vor Abschaffung der Wehrpflicht lagen die Personalausgaben bei knapp 41%, danach bei ca. 50%. Spezielle Gründe mögen darin liegen, dass eine Reduzierung auch im Blick haben muss, dass nach Wegfall der Wehrpflicht anteilig mehr finanzielle Mittel für die Anwerbung von Freiwilli-

---

46 Vgl. Manigart, Philipee, *The Professionalization of the Belgian Armed Forces*, Royal Military Academy, First draft, Belgium July 2001, S. 12ff.
47 Vgl. International Institute for Strategic Studies (IISS), *The Military Balance 1989-2005*, London 2005.

gen bereit gestellt werden müssen. So hat Spanien eine ganze Reihe solcher Anwerbemaßnahmen und Attraktivitätsprogramme eingeführt, um Personal zu gewinnen.[48]

Im Fazit bleibt festzuhalten, dass unter Verwendung des Kostenschlüssels der Gates-Kommission[49] 10% Personalverstärkung zu 7,5% Kostenerhöhung bzw. umgekehrt führen. Dies bedeutet, dass eine Personalreduzierung, so wie sie alle Länder vorgenommen haben, auch zur Verringerung der Verteidigungsausgaben geführt hat.

Investitionsanteil und Verteidigungsetat

Der dritte Kernbereich umfasst die Auswirkungen der Wehrpflichtabschaffung auf den Investitionsanteil innerhalb des Verteidigungshaushalts. Dies ist deswegen von Bedeutung, da oftmals mit Wegfall der Wehrpflicht die Hoffnung verbunden war, finanzielle Mittel für neue Rüstungsinvestitionen freisetzen zu können. Dabei hat sich bei den durchgeführten Untersuchungen abgezeichnet, dass der Glaube, durch eine Wehrpflichtabschaffung zu einer Mittelfreisetzung zu kommen und damit zu einer Erhöhung der Investitionsquote, nicht bestätigt werden kann. Bestes Beispiel dafür ist wohl Belgien. Hier kam es zu einer Reduzierung des investiven Anteils am Verteidigungshaushalt um über 5% auf derzeit nur noch ca. 9%.[50] Aber auch in Frankreich ist ein derartiger

---

48 Vgl. Sorin, Katia/Porteret, Vincent/Famechon-Koudjil, Christelle/Piotet, Francoise, *Les conditions des vie des militaires enEurope, Convergences et Divergences, Allemagne, Belgique, Espagne, France, Pays-Bas, Italie et Royaume-Uni*, Paris : Centre d´études en sciences sociales de la Defense, 2003 ; Deutscher Bundestag, *Hat die Wehrpflicht eine Zukunft? – Ein Beitrag zur aktuellen Diskussion*, Berlin: Wissenschaftliche Dienste des Deutschen Bundestages, Fachbereich II, WF II 144/03, (Oktober 2003).
49 Vgl. Wehrstrukturkommission der Bundesregierung, *Die Wehrstruktur in der Bundesrepublik Deutschland, Band II, Sitzungsprotokolle*, Auftrag II, April 1971-November 1972, Bonn1972, S. 502f.
50 Vgl. International Institute for Strategic Studies (IISS) (1990-2004), *The Military Balance 1989-2005*. London 2005.

Abfall der Investitionsquote zu verzeichnen. Hier hat sich der Anteil der Investitionen am Verteidigungsetat von 32% im Jahr 1992 auf gegenwärtig unter 25% verringert.[51] Die Niederlande stellen auch hier wiederum eine Ausnahme dar. Hier erhöhte sich der Anteil der Investitionen auf über 22%. Zu guter Letzt Spanien: Hier sank der Anteil der Investitionen aufgrund der stark gestiegenen Personalkosten auf letztendlich ca. 12%.

Zusammenfassung der ökonomischen Auswirkungen der Wehrpflichtabschaffung (Ca.-Angaben)

	Spanien	Niederlande	Frankreich	Belgien
Anteil des Verteidigungsetats am BIP	Reduzierung von 2,3% auf 1,2%	Reduzierung von 2,4% auf 1,5%	Reduzierung von 3,4% auf 2,6%	Reduzierung von 1,8% auf 1,3%
Höhe der Personalkosten am Verteidigungsetat	Erhöhung von 41% auf 50%	Reduzierung von 47% auf 36%	Erhöhung von 30% auf 37%	Erhöhung von 43% auf 58%
Höhe des Investitionsanteils am Verteidigungsetat	Reduzierung von 16 % auf 12%	Erhöhung von 21% auf 22%	Reduzierung von 32% auf unter 25%	Reduzierung von 14% auf 9%

Militärisch-personell

Mit der Entscheidung zur Aussetzung resp. Abschaffung der Wehrpflicht und den damit verbundenen Entwicklungen gingen in allen Staaten teilweise radikale Reduzierungen der Streitkräfte einher. So haben die Niederlande seit 1990 ihre Streitkräfte fast halbiert, von 104.000 Soldaten und einer Wehrpflichtrate von 45% im Jahr 1990 über 53.300 Soldaten 2003 bis zu einer Sollgröße von 50.500 Soldaten im Jahr 2008. Da-

---

51 Vgl. Ebd., a.a.O.

mit verbunden war eine Halbierung des Personals an Berufssoldaten und eine Verdoppelung des Bedarfs an Zeitsoldaten. Ähnliche Entwicklungen sind gleichfalls in Frankreich, Belgien und Spanien zu verzeichnen. Fällt diese Reduzierung des Streitkräfteumfangs zusammen mit einer abrupten Aussetzung der Wehrpflicht, so steht man vor einem strukturellen Problem. Die Streitkräfte besitzen dann nämlich einen zu großen Anteil an langfristig gebundenen Berufssoldaten oder an Zeitsoldaten mit Verträgen von zu langer Laufzeit. Diese können in der Regel nicht entlassen werden, womit notwendige Neueinstellungen mittelfristig nur die Gruppe der kurzdienenden Zeitsoldaten bzw. Mannschaftsdienstgrade betrifft. Eben die Gruppe, die die Wehrpflichtigen ersetzen soll. Dies führt zu einem signifikanten Anstieg des Altersdurchschnitts und zu einer Erhöhung der Kosten für Personal, aufgrund der höheren Löhne älterer Soldaten. So konnte Frankreich zwar, die notwendige Rekrutierung von längerdienenden Mannschaftsdienstgraden, welche nach Wegfall der Wehrpflicht notwendig wurde, größtenteils erfolgreich durchführen, Belgien jedoch stand vor massiven Problemen. Hier mussten in Folge der starken Überalterung verschiedene Anreizsysteme geschaffen werden, um ein freiwilliges Verlassen der Streitkräfte seitens älterer Soldatinnen und Soldaten zu erreichen.[52]

Auch im Bereich der Anforderungen an das künftige Personal der Streitkräfte müssen Zugeständnisse gemacht werden. Dies beginnt beispielsweise in Spanien mit der Staatsbürgerschaft, geht über das Lebensalter und endet bei den physischen und psychischen Anforderungen. So ist der Anteil der ausländischen Soldaten in den aktiven spanischen Streitkräften auf 7% aufgestockt worden, was auch etwa dem Ausländeranteil in der spanischen Bevölkerung entspricht. Dabei handelt es sich insbesondere um Bewerber aus dem hispano-amerikanischen Raum.

---

52 Vgl. Breyne, Johan, Questionnaire concerning lessons learned with a volunteer army, Brussels, 26.05.2009.

Das Höchstalter für Bewerber wurde so z.B. von 26 auf 28 Jahre heraufgesetzt; die sportlichen Anforderungen gesenkt, Abstriche bei den gesundheitlichen Voraussetzungen, wie z.b. Sehstärke, gemacht und der zu erreichende Wert des Intelligenzeingangstestes unter den der durchschnittlichen spanischen Bevölkerung gesenkt.[53]

Damit einher gehen Rekrutierungsprobleme: Diese wurden z.B. in den Niederlanden der Gradmesser des Erfolgs der Umstellung auf eine Freiwilligenarmee. Direkt nach Aussetzung der Wehrpflicht waren diese noch recht zufriedenstellend. Aber bereits ab 1999 konnten nur noch 85% des Bedarfs gedeckt werden. Es wurden daraufhin eine Reihe von Maßnahmen getroffen. Diese konzentrierten sich insbesondere auf ein positiveres Image der Armee als Arbeitgeber, bessere interne Kommunikation sowie den verstärkten Kontakt zu Jugendlichen. Ab 2002 konnten dank dieser Maßnahmen dann wieder genügend Bewerber gefunden werden. „Das Ziel, die militärische Einsatzfähigkeit zu erhöhen, wurde mit der Umstellung erreicht."[54] Dabei nehmen die Niederlande bewusst in Kauf, dass manche Einheiten nicht vollständig besetzt sind. Hinzu kommt, dass es vermehrt im Bereich der Berufssoldaten zu Kündigungen gekommen ist und vor allem bei Fachkräften (Techniker, Piloten) ein deutlicher Personalmangel herrscht.[55]

In Spanien gab es direkt nach Aussetzung der Wehrpflicht massive Rekrutierungsprobleme. Die Umstrukturierungspläne von Regierungschef Aznar sahen noch 1996 einen Streitkräfteumfang von insgesamt 168.000 Mannschaften, Offizieren und Unteroffizieren vor. Bereits drei

---

53 Vgl. Hartwig, Michael, *Warnendes Beispiel Spanien*, in: Y. Magazin der Bundeswehr (05/2004), S. 105; Antimilitarismus Information, *Spanien: Abschaffung der Wehrpflicht*, in: ami, 31 (August 2001), 7-8, S. 7-14.
54 Werkner, Ines-Jacqueline, *Wehrpflicht oder Freiwilligenarmee* [wie FN 3], S. 149.
55 Vgl. Weber, Bernd, *Die Allgemeine Wehrpflicht als Antwort auf die sicherheitspolitischen Herausforderungen unserer Zeit*, Berlin: CDU/CSU Fraktion des Deutschen Bundestages, 21. Juni 2002 (Arbeitspapier der Arbeitsgruppe Verteidigungspolitik), S. 12f.

Jahre später einigten sich die konservative Partido Popular und die katalanische CiU aufgrund dieser Rekrutierungsprobleme sowie infolge von Haushaltszwängen auf eine Obergrenze von 102.000 Mannschaften und 48.000 Offizieren und Unteroffizieren. Diese Zahlen wurden jedoch nie erreicht. Um einen Personalbestand von ca. 90.000 Soldaten zu erhalten, müssten dazu jährlich ungefähr 15.000 neue Soldaten rekrutiert werden. In der Revisión estratégica de la Defensa, in der die Richtlinien der spanischen Verteidigungspolitik bis 2015 beschrieben sind, verzichtet das spanische Verteidigungsministerium dann auch gleich auf die Nennung von Zielvorgaben für den Umfang der Streitkräfte.[56]

Hand in Hand mit drastischen Streitkräftereduzierungen ging in allen untersuchten Ländern eine erhöhte Wehrungerechtigkeit, da dadurch nicht mehr alle potenziell zur Verfügung stehenden Wehrpflichtigen einberufen werden konnten. Dies war bei allen Ländern ein wesentlicher Katalysator im Hinblick auf die Abschaffung der Wehrpflicht und führte zu einer durchgängig vorhandenen gesellschaftlichen Ablehnung dieser Wehrungerechtigkeit und in Folge dessen auch zu einem signifikanten Rückgang der Freiwilligenmeldungen für die neu aufgestellten Freiwilligenstreitkräfte. Besonders unbeliebt war die Wehrpflicht mit ihrer immanenten Wehrungerechtigkeit in Belgien, wo nur ein ganz geringer Anteil der männlichen Bevölkerung mit einem obligatorischen Zwangsdienst einverstanden war.[57] Um die Wehrgerechtigkeit zu erhö-

---

56 Vgl. Spanisches Verteidigungsministerium (Hrsg.), *Revisión estratégica de la Defensa* (Strategic Review) vom 14.02.2003, Madrid 2005.
57 Vgl. Manigart, Philippe/Marlier, Eric, New Roles and missions, army image and recruitment prospects: The case of Belgium, in: Manigart, Philippe (Hrsg.), *Future Roles, Missions and Structures of Armed Forces in the New World Order*, The Public View, New York, 1996, S. 7-26; Manigart, Philippe, Die Professionalisierung der belgischen Streitkräfte, in: Haltiner, Karl W./Klein, Paul (Hrsg.), *Europas Armeen im Umbruch*, Baden-Baden, S. 143f; Manigart, Philippe, The Professionalization of the Belgian Armed Forces, in: Malesic, Marjan, *Conscription vs. All-Volunteer Forces in Europe*, Baden-Baden, 2003, S. 135-151.

hen, haben alle betrachteten Ländern bis zur Entscheidung zur Aussetzung der Wehrpflicht versucht, durch Reduzierungen der Wehrdienstdauer die Wehrgerechtigkeit zu erhöhen. Dies ist sicherlich eine der möglichen Stellschrauben zur Erhöhung der Wehrgerechtigkeit. Eine zweite ist die Anpassung der Einberufungskriterien auf den unterschiedlichsten Ebenen, um die Anzahl der einzuberufenden Wehrpflichtigen zu reduzieren.

Sicherheitspolitisch-operativ

Alle Länder haben den Schluss gezogen, dass die Wehrpflicht nicht mehr die geeignete Form der Wehrstruktur ist, um auf die geänderten sicherheitspolitischen Rahmenbedingungen und die damit verbundenen internationalen Einsätze zu reagieren.[58]

So beispielsweise auch Frankreich: Ziel von Präsident Chirac war es, durch Aufstellung der Freiwilligenstreitkräfte von den zukünftig ca. 257.000 Soldatinnen und Soldaten mindestens 50.000-60.000 außerhalb der Landesgrenzen einsetzen zu können und nicht wie bisher nur ca. 10.000.[59] Durch die Schaffung einer Freiwilligenarmee wollte man dem Anspruch einer postkolonialen Großmacht, nationalen Interessen auch mit militärischen Mitteln Gehör zu verschaffen, nachkommen. Frankreichs Interventionsfähigkeit sollte dabei durch die Aufstellung einer reinen Freiwilligenarmee, bestehend aus einsatznah trainierten Soldaten,

---

58 Vgl. Mey, Holger. H , Gibt es heute eine vermittelbare sicherheitspolitische Legitimation für die Allgemeine Wehrpflicht?, in: Prüfert, Andreas (Hg.), *Hat die allgemeine Wehrpflicht in Deutschland eine Zukunft? Zur Debatte um die künftige Wehrstruktur*, Baden-Baden 2003, (Forum Innere Führung Band 21), S. 39-58.

59 Die Größe der Bundeswehr ist mit dieser Zahl annähernd vergleichbar. Von den ca. 250.000 Soldatinnen und Soldaten der Bundeswehr sind derzeit ca. 7.300 in einem Auslandseinsatz, was einem Prozentsatz von ca. 2,8% entspricht. Frankreichs Ziel lag dahingehend bei ca. 20%, konnte jedoch bei Weitem bisher nicht erreicht werden.

hoch professionell und spezialisiert, noch gestärkt werden.[60] Dabei hatte Frankreich das latente Ziel, die Einsatzkapazitäten der USA oder Großbritanniens zu erreichen. Im Moment ist man mit ca. 12.000 Soldaten in insgesamt 16 verschiedenen Einsätzen präsent. Eine wirklich signifikante Steigerung im Hinblick auf das o.g. Ziel ist dabei nicht zwingend zu erkennen. Ausgehend von einer aktuellen Ca.-Gesamtstärke von ungefähr 270.000 Soldaten (ohne Gendarmerie) hat man mit 12.000 Männern und Frauen einen Prozentsatz ähnlich dem der Bundeswehr (ca. 4%) im Einsatz.[61] Eine signifikante Erhöhung der Einsatzfähigkeit der französischen Streikräfte als direkte Folge einer Wehrpflichtabschaffung ist damit nicht zu erkennen.

Auch in Spanien spielte die verstärkte Teilnahme an internationalen Einsätzen eine wichtige Rolle für die Entscheidung der Umstellung auf eine Freiwilligenarmee. In Folge dessen sollte eine Reihe von kleineren flexiblen Eingreifverbänden mit hoher Verfügungsbereitschaft aufgestellt werden, die unter ein einheitliches Führungskommando für Kriseneinsätze gestellt wurden. Mit der anschließenden Teilnahme an multinationalen Verbänden (Eurocuerpo, EUROFOR u.a.) wollte Spanien erreichen, seinen militärpolitischen Einfluss im Bündnis auszuweiten.[62] Von den gegenwärtig ca. 120.000 aktiven spanischen Soldaten (Fuerzas Armadas Espanolas) sind derzeit ca. 2.500, das entspricht ungefähr 2%, in insgesamt 8 Einsätzen unter Mandaten der Europäischen Union, der Nato sowie unter Leitung der Vereinten Nationen tätig. Darunter sind

---

60 Vgl. Gauzy-Krieger, Florence/Meyer, Berthold, *Wege und Umwege zur Professionalisierung, Ein Vergleich der Militärreformen in Frankreich und Deutschland*, Frankfurt am Main: Hessische Stiftung Friedens- und Konfliktforschung, (HSFK-Report 16/2003), S. 33ff.
61 Vgl. Ministère de la Défense (Französisches Verteidigungsminsterium), *Einsatzzahlen der französischen Streitkräfte*, <http://www.defense.gouv.fr/> (eingesehen am 07.05.2009).
62 Vgl. Antimilitarismus Information, *Spanien: Abschaffung der Wehrpflicht* [wie FN 39] S. 7ff.

drei Beobachtermissionen und fünf friedenserhaltende oder –schaffende Missionen. Spanien will damit seinen Beitrag zu den Bündnisverpflichtungen beitragen, leistet jedoch prozentual am Anteil seiner Gesamtstreitkräfte gemessen keinen größeren Anteil als die Bundesrepublik.[63] Auch dies bedeutet, dass eine wirkliche Erhöhung der Einsatzfähigkeit als direkte Folge der Wehrpflichtabschaffung nicht zu erkennen ist.

Was die Niederlande anbelangt, so hat sich diese zur Aufgabe gestellt, zur Bündnisverteidigung fähig zu sein und gleichzeitig vier Operationen der UNO, Nato; EU oder OSZE mit mindestens einem Bataillon über einen Zeitraum von drei Jahren beschicken zu können sowie an einem friedenserzwingenden Einsatz mit einem Brigadeäquivalent über einen Zeitraum von sechs Monaten teilnehmen zu können.

Sie besitzen eine starke Bündnisorientierung und betreiben eine sehr aktive Politik der Teilnahme an internationalen Einsätzen mit Personal und Material. Augenblicklich sind sie mit ca. 2.000 Männern und Frauen in insgesamt 12 Einsätzen präsent. Ihr Anteil an aktiven Soldaten im Auslandseinsatz, gemessen an der Gesamtstärke der aktiven Streitkräfte von ca. 65.000 Soldaten[64], liegt somit bei ungefähr 3%. Auch hier ist kein signifikanter Zugewinn zu erkennen.[65]

Zu guter Letzt Belgien: Dieses sieht besonders nach erfolgter Militärreform und langjähriger Abschaffung der Wehrpflicht, die Nato als unverzichtbare Grundlage seiner Sicherheitspolitik an. Komplementär

---

63 Vgl. Ministerion de Defensa de Espana (Spanisches Verteidigungsministerium), Einsatzzahlen laufender Auslandseinsätze der spanischen Streitkräfte, <http://www.mde.es/contenido.jsp?id_nodo=4367&& &keyword=&auditoria=F> (eingesehen am 07.05.2009).
64 Vgl. Werkner, Ines-Jacqueline, *Allgemeine Trends und Entwicklungslinien in den europäischen Wehrsystemen*, Strausberg: Sozialwissenschaftliches Institut der Bundeswehr, Juli 2003 (SOWI-Arbeitspapier Nr. 134).
65 Vgl. Ministerie van Defensie (Niederländisches Verteidigungsministerium), *Missionen der niederländischen Streitkräfte*,< http://www.defensie.nl/missies/uitgezonden_militairen/> (eingesehen am 07.05.2009).

dazu treibt Belgien die Gemeinsame Außen- und Sicherheitspolitik (GASP) der Europäischen Union voran und stellt daher sowohl für die Nato Response Force (NRF) als auch für die European Battle Groups Truppen bereit und beteiligt sich an Auslandseinsätzen der Nato (ISAF, KFOR) und der EU (EUFOR).Seit Anfang 2002 hat Belgien sich ebenfalls finanziell am Wiederaufbau Afghanistans beteiligt und ist dort seit März 2003 im Rahmen von ISAF mit einem Truppenkontingent, seit September 2008 auch mit vier Kampfflugzeugen, vertreten. Dabei arbeitet Belgien eng mit Deutschland im *Provincial Reconstruction Team (PRT)* in Kundus zusammen.[66] An der VN-Mission UNIFIL II zur Stabilisierung des Libanon beteiligt sich Belgien mit einer Fregatte sowie mit Sanitäts- und Pionierkräften außerdem an zahlreichen anderen VN-Missionen mit Militärbeobachtern. Es ist somit sehr präsent auf der internationalen Bühne und leistet einen aufwendigen Beitrag. Der Blick auf die Gesamtzahlen belegt jedoch auch hier, ähnlich wie bei den zuvor untersuchten Ländern, dass im Vergleich zu Deutschland sich nicht signifikant mehr Soldaten in Auslandseinsätzen befinden. Auch in Belgien wird die 3%-Marke nicht erreicht. Dazu folgende Übersicht:

---

66 Vgl. La Défense page principale (Belgisches Verteidigungsministerium), *Auslandseinsätze der belgischen Streitkräfte,*< http://www.mil.be/def/index.asp> (eingesehen am 07.05.2009).

Vergleich der Einsatzzahlen

Land	Frankreich	Spanien	Niederlande	Belgien	*Deutschland*
Gesamtzahl der Streitkräfte (ca.)	270.000	120.000	65.000	35.000	*252.500*
Anzahl der Soldaten im Auslandseinsatz (ca.)	12.000	2.500	2060	1.000	*7.370*
% an Gesamtstärke (ca.)	4,4%	2,1%	3,2%	2,8%	*2,9%*

Gesellschaftspolitisch

Alle hier betrachteten westeuropäischen Staaten unterliegen ebenso wie die Bundesrepublik den zunehmenden Tendenzen der Globalisierung und Modernisierung. Dies zeigt sich auch deutlich in der Außen-, Sicherheits- und Verteidigungspolitik. Die Antwort auf die vielfältigen Veränderungen ist in der Regel ein weit gefasster Verteidigungsbegriff, verbunden mit einer zunehmend globalen sicherheitspolitischen Ausrichtung. Dies zeit sich u.a. am Aufgabenspektrum der Streitkräfte aller betrachteten Nationen, mit deren Fokussierung auf Einsätze im Rahmen der internationalen Krisen- und Konfliktbewältigung, wie auch der zunehmenden Multinationalität von Streitkräftestrukturen. Nationale Elemente werden zurückgedrängt, Landesverteidigung in den Hintergrund gestellt. Allen untersuchten Länder war es einsichtig, dass die Wehrpflicht nicht mehr bzw. nur noch ganz bedingt diesen neuen Gegebenheiten entsprach. Wehrpflicht wurde und wird in diesen Ländern als die Möglichkeit gesehen, den Bürger durch Zwang und Auflage eines Pflichtdienstes an ein konservativ-staatszentriertes Gedankengut zu binden. Die Abkehr von der Wehrpflicht kann daher auch als Ausdruck eines sich immer stärker globalisierenden bürgerschaftlichen Engagements gesehen werden. Im Rahmen des Wertewandels haben die untersuchten Länder damit auch ein Konzept gefunden, den Bürger in einer neuen Form aktiv an öffentlichen und gemeinnützigen Aufgaben partizipieren zu lassen. Die Erziehung von jungen Bürgern zu aktiven Mitgliedern und Bürgern einer postmodernen Gesellschaft wurde somit nicht mehr an das Ableisten eines Dienstes innerhalb einer mit stark erzieherischen und sozialisatorischen Einflüssen verbundenen staatlichen Institution delegiert, sondern im Zuge des weiteren Abbaus wohlfahrtsstaatlicher Leistungen und der Abnahme der Regelung sozialer Systeme, auf die individuelle Ebene delegiert. Die untersuchten Länder haben erkannt, dass nur auf diese Weise eine Vereinbarkeit mit den in Folge des gesellschaftlichen Wertewandels in Europa vorherrschenden postmaterialistischen Vorstellungen und Sichtweisen und den Pflichten des jungen mündigen Bürgers herzustellen ist.[67]

Einen Lösungsweg, der dies exemplarisch veranschaulicht, zeigt Frankreich auf. Hier war die Wehrpflicht eingebettet in den so genannten Nationaldienst, welcher aus einem zivilen und einem militärischen

---

67 Vgl. Anheier, Helmut/Toepler, Stefan, Bürgerschaftliches Engagement zur Stärkung der Zivilgesellschaft im internationalen Vergleich, in: Enquete-Kommission, *„Zukunft des Bürgerschaftlichen Engagements" des 14. Deutschen Bundestages* (Hrsg.), 2003, S. 13-55; Vgl. Münz, Angelika, Der Blick zu den Nachbarn. Konzepte der Jugendfreiwilligendienste im Kontext von Wehrpflichtreform und bürgerschaftlichem Engagement in Europa, in: Guggenberger, Bernd/Müller, Harald, *Jugend erneuert Gemeinschaft. Freiwilligendienste in Deutschland und Europa. Eine Synopse.* Baden-Baden, 2000, S. 160-184.

Teil bestand. Dieser wurde in ein neues Modell des Service National überführt. Dieses Modell startet mit der Wehrerfassung, die weiterhin stattfindet und als Voraussetzung zu staatlichen Prüfungen gilt. Des Weiteren gibt es einen obligatorischen eintägigen Journée d`Appel de préparation à la défense (JAPD), einen Aufruf zur Vorbereitung auf die Verteidigung. Dies ist eine landesweite Informationsveranstaltung für alle jungen Männer und Frauen zwischen 18 und 20. Der junge Erwachsene wird hier über die Ziele und die Organisation der nationalen Verteidigung genauso informiert wie über Karrieremöglichkeiten in den Streitkräften. Gleichzeitig wird er gemustert und ihm soll der Wehrgedanke näher gebracht werden.

Aber auch in den Schulen Frankreichs wird dieser Wehrgedanke zu verbreiten gesucht, indem ein Unterricht über Verteidigungspolitik und Streitkräfte durchgeführt wird. Dieser hat das Ziel, die Beziehungen zwischen Militär und Gesellschaft zu stärken. Gleiches gilt für die seitens der Streitkräfte eingerichteten Möglichkeiten ein Praktikum zu absolvieren bzw. ein Volontariat mit einer maximalen Länge von 60 Monaten, im Sinne eines freiwilligen Wehrdienstes, durchzuführen.[68]

Im Allgemeinen hat sich die Phase der Umstellung der Rekrutierungssysteme auf Freiwilligenarmeen als ein Auslöser für Debatten um ein verstärktes bürgerschaftliches Engagement erwiesen. Damit verbunden ist die stärkere Entwicklung und Intensivierung nationaler Jugenddienste in den betreffenden Ländern. Es spricht vieles dafür, die positiven gesellschaftlichen Aspekte, die bisher an die Wehrpflicht gekoppelt waren, bei deren Aussetzung auf Freiwilligendienste zu transformieren. Diese sollten dann auch die Möglichkeit eines Engagements im militärischen Bereich anbieten. Neben Frankreich deutet sich diese Entwicklung auch bereits in den Niederlanden an. Hier existiert ein gesellschaftliches

---

68 Vgl. Werkner, Ines-Jaqueline, *Wehrpflicht oder Freiwilligenarmee* [wie FN 3], S. 126f.

Orientierungsjahr, das sich verstärkt auf die Zielgruppe der 12 bis 16-Jährigen stützt. Dieses Konzept eines Jugendgemeinschaftsdienstes eröffnet den Schülern neben anderen Angeboten ebenso die Möglichkeit, ggf. auch das Militär kennen zu lernen.

Die Umstellung auf Freiwilligenarmeen, in Verbindung mit den vorgenannten Tendenzen, hat auch starken Einfluss auf das Image der Streitkräfte. So hat sich beispielsweise das Image der spanischen Streitkräfte innerhalb der Gesellschaft im Anschluss an die Wehrpflicht-Aussetzung stark verbessert. In aktuellen Umfragen schätzen die Befragten trotz anfänglicher Bedenken insbesondere die gewonnene Professionalität und die steigende Zunahme an Auslandseinsätzen sehr hoch ein. Man empfindet einen enormen Zugewinn in der Außenwirkung innerhalb der Nato. Aber auch innerhalb des Militärs haben sich die anfänglichen Bedenken sehr schnell aufgelöst. Die neu gewonnene Professionalität, verbunden mit einer eindeutigen Rollenzuweisung, findet nun eine breite Unterstützung auch innerhalb der Militärs.[69] Ähnlich sieht und sah es in Frankreich aus. Gemäß der jüngsten Bevölkerungsumfrage haben über 80% der Befragten eine positive Einstellung zu ihren Streitkräften. Man kann durchaus sagen, dass die Akzeptanz der Streitkräfte und das Vertrauen in diese in der Bevölkerung seit der Professionalisierung noch gestiegen sind. Nachdem die Armee wieder „im Gleichgewicht" ist[70], für alle erkennbar der Einsatz, die Aufgabe und Mission klar sind, gibt es keine Unsicherheiten und Unklarheiten mehr, und somit ist das Verständnis für die französische Armee innerhalb und außerhalb des Militärs gestiegen.[71]

---

69 Vgl. Centro de Investigaciones Sociológicas (CIS), *Bevölkerungsumfrage zu Landesverteidigung und Streitkräften, Studie Nr. 2.447 vom Februar 2002 (Originaltitel: La Defensa Nacional y el Ejército, V. – Estudio No. 2.447 – Febrero 2002)*, Madrid Februar 2002.
70 Vgl. Werkner, Ines-Jaqueline, *Wehrpflicht oder Freiwilligenarmee*, [wie FN 3] S. 141.
71 Vgl. ebd., a.a.O.

Auch in Belgien, welches von allen untersuchten Ländern am längsten ohne Wehrpflicht auskommt, war die Wehrpflicht vor ihrer Aussetzung ähnlich unbeliebt wie z.B. in Spanien und wurde oft als „waste of time"[72] empfunden. Auch hier werden Überlegungen zur Installation eines „Service of Public Utility" (Service d'Utilité Civile) angestellt. Ein Grund mag darin liegen, dass seit Aussetzung der belgischen Wehrpflicht zudem über ein zunehmendes Desinteresse in der belgischen Bevölkerung an allen Fragen der Verteidigung und des Militärs berichtet wird. Die Armee wurde als „große stille Organisation" wahrgenommen, über deren Inhalte, Ziele und Unternehmungen immer weniger Menschen Bescheid wussten. Seitdem werden jährlich große Anstrengungen in Millionenhöhe unternommen, um die öffentliche Meinung über die Verteidigungsorganisation informiert zu halten und das Meinungsbild im Sinne der Streitkräfte positiv zu beeinflussen.[73]

---

72 Breyne, Johan, *Questionnaire concerning lessons learned with a volunteer army*, Brussels [wie FN 38], Frage 10.
73 Vgl. ebd.

4. Schlussfolgerungen

Die Analyse der Folgen der Wehrpflichtabschaffung in ausgesuchten europäischen Ländern lässt eine Ableitung der folgenden Schlussfolgerungen zu:

Länderübergreifend betrachtet haben die Folgen einer Wehrpflichtabschaffung eher negative Auswirkungen auf Streitkräfte und finanzielle Budgets. Was eine Verankerung des Militärs in der Gesellschaft anbelangt, so kann man nicht grundsätzlich von negativen Auswirkungen sprechen, sondern vielmehr von einem nachlassenden Interesse an Streitkräften. Dieses ist verbunden mit umfangreichen Maßnahmen des Marketing und der Nachwuchswerbung, was im Ergebnis grundsätzlich zu einer positiven Einstellung der Gesellschaft gegenüber den neu aufgestellten Freiwilligenarmeen geführt hat. Im Folgenden sollen die gewonnenen Erkenntnisse zu Deutschland in Verbindung gebracht werden. Einerseits kann man so herausarbeiten, welche unterschiedlichen Implikationen und Maßnahmen möglich und notwendig sind, wenn der politische Willung in Richtung einer Wehrpflichtbeihaltung geht.

Es lässt sich so aber auch gleichzeitig in einem zweiten Schritt verdeutlichen, welche umfangreichen Maßnahmen erbracht werden müssen, wenn sich die Politik für eine Abschaffung der deutschen Wehrpflicht entscheiden sollte. Begonnen werden soll dabei, mit den Implikationen im Fall der Wehrpflichtbeibehaltung. Zunächst einmal sollen jedoch in einem vorgeordneten Schritt die identifizierten Abschafffungs-Indikatoren erwähnt werden, die im politischen Willensbildungsprozess die Frage der Wehrpflicht maßgeblich beeinflussen und sich in der vorhergehenden Analyse herauskristallisiert haben.

Als derartige Abschaffungs-Indikatoren konnten die folgenden ermittelt werden:

- Wehrgerechtigkeit,
- die zunehmende Technisierung der Streitkräfte,
- das Image der Wehrpflicht sowie
- die Effektivität des Streitkräfteeinsatzes.

Nachfolgend sollen diese Indikatoren einmal auf die derzeitige Situation in Deutschland projeziert werden.

Übersicht über die Abschaffungsindikatoren in Bezug auf Deutschland

Indikator	Erfüllungsgrad in der Bundesrepublik Deutschland
Wehrgerechtigkeit und zunehmende Anzahl an Kriegsdienstverweigerern	Formal juristisch besteht nach einem Urteil des Bundesverwaltungsgerichtes Leipzig vom 19. Januar 2005 in Verbindung mit dem Urteil des Bundesverfassungsgerichtes vom 22.07.2009 die Wehrgerechtigkeit darin, dass die Spanne zwischen tauglich gemusterten und tatsächlich einberufenen jungen Männern im Rahmen der Einberufung zum Grundwehrdienst nahezu ausgeschöpft wird.[74] Hiernach besteht in der Bundesrepublik nahezu Wehrgerechtigkeit. In der Praxis jedoch dienten von den durchschnittlich 430.106 jungen Männern eines Geburtsjahrganges im

---

[74] Vgl. Bundesverwaltungsgericht, *Beschluss vom 19.01.2005*, Az.: BVerwG 6C9.04, Leipzig, 19.01.2005: Bundesverfassungsrericht, Beschluss vom 22.07.2009, 2 BvL 3/09, Karlsruhe, 22.07. 2009.

	Jahr 2007 nur noch 67.834 und 111.340 wurden als Kriegsdienstverweigerer anerkannt. [75] Dies entspricht einer Quote von 15,77% Grundwehrdienstleistender und 25,88% Kriegsdienstverweigerern.
Zunehmende Technisierung der Streitkräfte und damit verbundene Erhöhung der Qualifikationsanforderungen an Wehrpflichtige	Es wird immer wieder durch das Bundesministerium der Verteidigung betont, dass Wehrpflicht qualifizierte Fachkräfte in die Streitkräfte holt und Wehrpflichtige demnach ins Bild einer sich weiter technisierenden und modernisierenden Armee passen.[76]
Image der Wehrpflicht	Innerhalb der überwiegend positiven Zustimmung in der Gesamtbevölkerung zur deutschen Wehrpflicht, diese wird vom Sozialwissenschaftlichen Institut der Bundeswehr mit 62% angegeben, müssen jedoch besonders im Bereich der jüngeren und besser Gebildeten zunehmend Abstriche hingenommen werden. So lag die sehr positive bzw. positive Zustimmung zur Wehrpflicht in der Gruppe der 16-29 jährigen Männer, gemäß Umfrage des Sozialwissenschaftlichen Institutes der Bundeswehr, bei insgesamt 39%. Im Vergleich zum Vorjahr hat hier die Zustimmung um 5 Prozentpunkte abgenommen. Aus der Gruppe der Hoch- und

---

75 Vgl. Deutscher Bundestag, 16. Wahlperiode, Drucksache 16/12681, *Antwort der Bundesregierung auf die Große Anfrage der Abgeordneten Birgit Homburger, Elke Hoff, Dr. Rainer Stinner, weiterer Abgeordneter und der Fraktion der FDP – Drucksache 16/9962-, Die Bundeswehr –Eine aufgabenorientierte Streitkraft?* Berlin, 22.04.2009.
76 Vgl. Bundesministerium der Verteidigung, *Allgemeine Wehrpflicht - Grundlagenpapier „Moderne Wehrpflicht für die Bundeswehr der Zukunft"*, Berlin 2004; Bundesministerium der Verteidigung (Hrsg.), *Moderne Wehrpflicht für die Bundeswehr der Zukunft*, Berlin 2007.

	Fachhochschulabsolventen haben lediglich 37% eine sehr positive bzw. positive Einstellung zur Wehrpflicht.[77] Insgesamt scheinen die Deutschen eher dafür zu sein, die Wehrpflicht per se beizubehalten, jedoch deren auf Zwang basierendes System zu ändern. 65% beantworten die Frage, ob nur noch Freiwillige Wehrdienst leisten sollten, zustimmend. Und fast 40% sind gegen die Beibehaltung sämtlicher bestehender weiterer Regelungen zur Wehrpflicht.[78]
„Effektivität" des Streitkräfteeinsatzes	Die Bundeswehr ist in der Lage auch mit Wehrpflicht den Bündnisverpflichtungen in dem Maße nachzukommen wie die untersuchten Länder mit ihren Freiwilligenarmeen. Deutschland hat derzeit ca. 2,9%, Belgien 2,8%, die Niederlande 3,2%, Spanien 2,1% und Frankreich 4,4% der Soldatinnen und Soldaten in internationalen Auslandseinsätzen.

Diese Indikatoren stellen den Dreh- und Angelpunkt einer erfolgreichen Fortsetzung der Wehrpflicht dar. Diese gilt es in den politischen Willens- und Entscheidungsfindungsprozess zu intergrieren. Sie sind das Fundament einer glaubwürdigen Fortsetzung der Wehrpflicht in Deutschland. Auf Ihnen basierend sollten die nachfolgenden Implikationen und Maßnahmen Beachtung finden.

---

[77] Vgl. Sozialwissenschaftliches Institut der Bundeswehr, *Bevölkerungsbefragung 2008, Sicherheits- und verteidigungspolitisches Meinungsklima in Deutschland*, Kurzbericht, Strausberg, November 2008.

[78] Vgl. Sozialwissenschaftliches Institut der Bundeswehr, *Sicherheits- und verteidigungspolitisches Meinungsklima in der Bundesrepublik Deutschland. Ergebnisse der Bevölkerungsbefragung 2007 des Sozialwissenschaftlichen Instituts der Bundeswehr*, Forschungsbericht 86, Oktober 2008, Strausberg, S. 138f.

Implikationen und Maßnahmen für den Fall einer Beibehaltung der deutschen Wehrpflicht

Sollten sich Regierung und Parlament für die Beibehaltung der Wehrpflicht entscheiden, welchem aufgrund der gewonnenen Erkenntnisse derzeit der Vorzug zu geben wäre, wäre unter Maßgabe der in dieser Studie gewonnenen Erkenntnisse Folgendes zu beachten:

a.) Es sollte zur Entwicklung und Umsetzung eines umfassenden Kommunikations-konzeptes zur Untermauerung der Sinnhaftigkeit und positiven Aspekte der Wehrpflicht kommen. Hiermit müsste sie wieder auf „glaubwürdige Beine" gestellt werden, und zwar unter Verwendung von nachvollziehbaren, modernen und realen Argumenten. Moderne Wehrpflicht sollte somit mit modernen, in die Zukunft weisenden Argumenten begründet werden. Diese müssten sich abseits der zu Zeiten den Kalten Krieges verwendeten Argumentation bzw. sogar abseits des Ursprungsgedankes der Allgemeinen Wehrpficht, wie ihn General Scharnhorst formuliert hat, bewegen. Zielgruppe sollte nicht nur der Kreis potentieller Wehrpflichtiger sein, sondern in verschiedenen Stufen die Gesamtbevölkerung der Bundesrepublik zum ersten, die Angehörigen der Streitkräfte zum zweiten sowie die internationalen Partner zum dritten. Als Ausgangspunkt eines solchen Kommunikationskonzeptes, welches auf den Erhalt der Wehrpflicht konzentriert sein sollte, könnten folgende Parameter dienen, welche dann auch offensiv kommuniziert werden sollten:

- Eine Aussetzung per Gesetz würde einer Abschaffung gleich kommen. Die internationalen Erfahrungen zeigen sehr deutlich, dass kein einziges Land, welches die Wehrpflicht abgeschafft hat, eine Wiedereinführung realisieren konnte. Wenn man sich also einmal von der Wehrpflicht verabschiedet, dann für immer. Die in diesem

Zusammenhang politisch zu klärende Frage wäre also, ob sich die Bundesrepubklik Deutschland dauerhaft von der Wehrpflicht verabschieden will. Diesen Sachverhalt sollte man gezielt in dieser Form auch kommunizieren.

- Wenn es nicht gelingt, die Stellen der wegfallenden Wehrpflichtigen zügig mit Freiwilligen zu besetzen, würde eine Abschaffung genau das falsche Signal in Richtung der internationalen Gemeinschaft senden. Sie würde nämlich als Rückzug und Reduzierung wahrgenommen werden. Diese Wahrnehmung würde die anfangs positive Resonanz der Bündnismitglieder aus Nato und EU überlagern, dass Deutschland nun doch dem Professionalisierungsdruck nachgegeben hat und es zur Abschaffung der Wehrpflicht in Deutschland gekommen ist. Und ob man dieses riskieren will, wäre politisch zu problematisieren.

- Darüber hinaus gilt es neue Begründungsmuster für die Wehrpflicht im Jahre 2009 zu entwickeln und zu kommunizieren. Diese sollten sich abseits der hergebrachten Rechtfertigungen über einen Einsatz Wehrpflichtiger im Rahmen der Landesverteidigung bewegen. Dabei sollte man die Maßgabe zu Grunde legen, das der Wehrpflichtige, der seinen Grundwehrdienst nicht freiwillig verlängert, auch nicht für einen Auslandseinsatz zur Verfügung steht. Somit sollte über neue Einsatzgebiete im Inland nachgedacht werden. Hier wären sicherlich, ohne dies an dieser Stelle weiter zu vertiefen, der Einsatz von Wehrpflichtigen im Rahmen der zivilen Katastrophenhilfe bzw. der Einsatz im Rahmen der Gewährleistung der Inneren Sicherheit, wie z.B. der Abwehr terroristischer Bedrohungen, nur zwei der möglichen denkbaren Szenarien.

b.) Eine Verringerung der Ansprüche an die Wehrpflichtigen, hinsichtlich Ausbildung, Vorbildung und Tätigkeitsfelder bei der Bundeswehr, würde zu einer positiven Diversifikation der Einsatzmöglichkeiten führen. Gleichzeitig trüge dies zur höheren Glaubwürdigkeit eines nur 9-monatigen Wehrdienstes bei. Ebenfalls würde damit der oft vorhandene Rechtfertigungsdruck minimiert werden, der auf Politikern und militärischen Vorgesetzten liegt, weil nach Sinn und den Inhalten einer 9-monatigen Wehrpflicht gefragt wird.[79]

c.) Wenn man weiterhin die Landesverteidigung als tragendes Begründungsmuster der Wehrpflicht verwenden möchte, sollte die konsequente Förderung der Reserve als Instrument der Aufwuchsfähigkeit einer Wehrpflichtarmee sollte weiter vorangetrieben werden. Nur diese Förderung stellt die unverzichtbare Rekonstitution der Streitkräfte im Bedarfsfalle sicher. Entfällt diese Förderung, würde einem der gegenwärtigen „Hauptsinngeber" der Wehrpflicht, nämlich der Fähigkeit zum Aufwuchs der Streitkräfte, der Boden entzogen werden.

d.) Es sollte eine Überdenkung des Konzeptes von regionalen Standortschließungen erfolgen, da damit Wehrpflichtige „aus der Fläche" verschwinden und für eines ihrer Hauptaufgabengebiete, nämlich die Hilfe bei Naturkatastrophen und Unglücksfällen, nur schwerlich an den Ort des Geschehens zu bringen sind, was wiederum Glaubwürdigkeitsverluste mit sich bringt und das Prinzip Wehrpflicht ad absurdum führt.

e.) Die dauerhaft durchgängige Beschickung von Einsatzkontingenten, sollte so wie bisher auch gewährleistet werden können. Hierbei muss be-

---

79 Vgl. Wehrstrukturkommission der Bundesregierung, *Die Wehrstruktur in der Bundesrepublik Deutschland, Band II, Sitzungsprotokolle, Auftrag II, April 1971-November 1972*, Bonn 1972, S. 513.

tont werden, dass auch die untersuchten Länder derzeit - prozentual am Gesamtbestand der Streitkräfte betrachtet - nicht mehr Soldaten in internationale Auslandseinsätze entsenden als die Bundesrepublik mit ihrer Wehrpflichtarmee. Daher scheinen gegenwärtig Forderungen nach der Erhöhung der Auslandskontingente nicht unmittelbar mit Abschaffung der deutschen Wehrpflicht begründbar zu sein.

f.) Es sollte durch den Erhalt der Wehrpflicht –quantitativ und qualitativ- zu keinerlei Einschränkung der schnellen Verfügbarkeit von gut ausgebildeten Truppenteilen der Bundeswehr kommen.

g.) Die zwar rein rechtlich bestehende Wehrgerechtigkeit, welche in zunehmendem Maße jedoch subjektiv als Wehrungerechtigkeit wahrgenommen wird, sollte entweder anders kommuniziert werden, oder es müsste zur signifikanten Erhöhung der Einberufungsquote kommen. Dies ist mittels zweier Paramenter möglich:[80] Zum einen mit Hilfe der bereits in Deutschland praktizierten Veränderung der Tauglichkeits- und Einberufungskriterien resp. Ausweitung der Wehrdienstausnahmen und zum anderen durch Herabsetzung der Wehrdienstdauer. Diese Maßnahme würde nicht nur die Wehrgerechtigkeit erhöhen, sondern auch der veränderten sicherheitspolitischen Lage entsprechen.

h.) Es sollte sichergestellt werden, dass die Wehrpflichtigen der Bundeswehr hinsichtlich ihrer Quantität sowie ihres Bildungsgrades, ihres Familienstandes, ihres Gesundheitszustandes etc. wieder mehr als bisher ein „Spiegelbild" der Gesellschaft sind. Die gegenwärtig praktizierte Auswahlwehrpflicht könnte nämlich auch als ein Katalysator in Richtung „Abschaffung" wirken. Gerade in diesem Zusammenhang sollte

---

80 Vgl. Werkner, Ines-Jaqueline, *Wehrpflicht oder Freiwillenarmee?* [wie FN 3], S. 247.

auf Begründungsmuster wie: „Wehrpflichtige stellen die wichtige Klammer zwischen Gesellschaft und Streitkräften her"[81] verzichtet werden. Dies erzeugt nur weitere Glaubwürdigkeitsverluste und entspricht einfach nicht mehr den Realitäten.

Implikationen und Maßnahmen bei einer Aussetzung oder Abschaffung der deutschen Wehrpflicht

Sollte dennoch der politische Wille in Richtung einer Aussetzung oder Abschaffung der deutschen Wehrpflicht gehen, sollte Folgendes berücksichtigt werden:

a.) Die Erfahrungen anderer Ländern zeigen, dass, wenn die Wehrpflicht ausgesetzt wird, die Folgen hieraus nicht uneingeschränkt reversibel sind. Eine einfache Wiedereinführung würde ein hohes eskalierendes Potential - nach innen und außen – in sich bergen.[82]

b.) Eine Aussetzung würde die Teilstreitkräfte Heer, Luftwaffe und Marine in unterschiedlicher Weise treffen, da die meisten Wehrpflichtigen im Heer ihren Dienst versehen. Dieses sollte im Vorfeld einer Abschaffung im Rahmen notwendiger Maßnahmen der Personalgewinnung und Umstrukturierung Beachtung finden.

---

81 Vgl. Merkel, Angela, *Rede der Bundeskanzlerin Dr. Angela Merkel zum Feierlichen Gelöbnis von Rekruten der Bundeswehr anlässlich des Jahrestages des 20. Juli 1944 vor dem Berliner Reichstagsgebäude*, Berlin, 20. Juli 2009.
82 Vgl. Werkner, Ines-Jacqueline, Die Wehrpflicht-Teil der politischen Kultur der Bundesrepublik Deutschland?, in: Werkner, Ines-Jacqueline (Hg.), *Die Wehrpflicht und ihre Hintergründe, Sozialwissenschaftliche Beiträge zur aktuellen Debatte*, Wiesbaden, 2004, S. 166.

c.) Es ist im Falle der Aussetzung nicht damit zu rechnen, dass dies zu einer Schwellenabsenkung der verfassungsrechtlichen und parlamentarischen Hürden des Einsatzes von Streitkräften im internationalen Rahmen führte.

d.) Die Aussetzung sollte langsam und über verschiedene Stufen der Nichteinberufung von Jahrgängen vonstatten gehen, um nicht Struktur und Personal der Streitkräfte zu „überrollen". In der Regel sind dies 3-6 Jahre. Eine Adhoc-Aussetzung würde Deutschland in die gleiche „Modernisierungsfalle" geraten lassen, wie die europäischen Partner auch.

e.) Vor Abschaffung der Wehrpflicht sollte das System der Rekrutierung von sehr langfristigen Verträgen für Berufs- und Zeitsoldaten dahingehend geändert werden, dass auch höhere Dienstgradstufen mit kurzdienenden Zeitsoldaten besetzt werden können. Ansonsten kommt es nach Abschaffung mittel- und langfristig zu einer starken Überalterung der Streitkräfte und somit zu einem signifikanten Anstieg der Personalkosten. Die langfristige Verpflichtung von Zeitsoldaten ist zwar vor dem Hintergrund des „Kampfes um die Besten" und der langfristigen Bindung an die Institution sinnvoll, läuft aber einer erfolgreichen Aussetzung der Wehrpflicht diametral entgegen. Diese kann nämlich personell nur gelingen, wenn eine hohe Durchlässigkeit zwischen militärischem und zivilem Bereich auch auf hohen und höchsten Dienstgradebenen besteht, und man sich nach Aussetzung nicht nur auf die Rekrutierung der wegbrechenden Mannschaftsdienstgrade konzentriert.

f.) Darüber hinaus sollte mindestens drei Jahre vor der Einberufung des letzten Grundwehrdienstleistenden das Nachwuchsgewinnungssystem vollständig auf die reine Gewinnung von jungen ungedientem Nachwuchs umgestellt werden und auf Werbung aus der Truppe heraus so früh wie möglich verzichtet werden. Alles andere würde ansonsten mit großer Wahrscheinlichkeit nach erfolgter Abschaffung zu Problemen im Bereich der Nachwuchsgewinnung führen, weil nicht ausreichend Nachwuchs rekrutiert werden könnte.[83]

g.) Diese externe Rekrutierung wird sehr wahrscheinlich eine Reihe innovativer Konzepte ebenso wie den Aufwand erheblicher finanzieller Mittel erfordern.

h.) Nach Abschaffung der Wehrpflicht kann es zu einer Art „Spirale nach unten" kommen: so jedenfalls zeigen die Erfahrungen der untersuchten Länder.[84] Das heißt, wenn die Streitkräfte nicht in der Lage sein werden, relativ rasch alle dann für Freiwillige bestehenden Dienstposten zu besetzen und nachzubesetzen, ist es sehr wahrscheinlich, dass es über die Jahre hinweg einen enormen haushalterischen und politischen Druck geben wird, die Planungsstärke an die reale Stärke der Streitkräfte anzupassen. Hinzu kommt, dass besonders im Bereich der unteren Dienstgrade ein enormer Personalbedarf entstehen würde.

i.) Mit Abschaffung der Wehrpflicht wird es aller Voraussicht nach zu Standortschließungen oder zumindest zu Diskussionen hierüber kom-

---

[83] Die immer wieder erwähnte Zahl von 40% Verpflichtungen von Freiwilligen aus dem Pool an Wehrpflichtigen kann im Übrigen an dieser Stelle nicht bestätigt werden. Da die Werbung aus der Truppe heraus nicht zentral erfasst wird, liegen hierzu keine nachvollziehbaren Daten vor. Alle anderen durch die Bundesregierung zur Verfügung gestellten Zahlen und Daten, führen nicht zu diesem Ergebnis. Vgl. dazu: Deutscher Bundestag, 16. Wahlperiode, *Drucksache 16/12681*, [wie FN 75]. S. 6ff.

[84] Vgl. Deutscher Bundestag, *Hat die Wehrpflicht eine Zukunft? – Ein Beitrag zur aktuellen Diskussion*, Berlin: Wissenschaftliche Dienste des Deutschen Bundestages, Fachbereich II, WF II 144/03, (Oktober 2003).

men. Gleichzeitig sollten die Infrastruktur betreffende Veränderungen vorgenommen werden oder die Vorschriften zur Unterbringung/Unterkunft für Zeitsoldaten geändert werden. Hintergrund ist die Erkenntnis, dass Freiwillige rein infrastrukturell anders „behandelt" werden müssen als Grundwehrdienstleistende.

j.) Gesamtgesellschaftlich sollte darüber nachgedacht werden, wo und wie die jährlich „frei werdenden" jungen Männer untergebracht werden, wenn sie eben nicht zur Bundeswehr gehen. Je nach Schulbildung wird es voraussichtlich zu einer Verstärkung der Nachfrage von Ausbildungs- und Studienplätzen kommen bzw. Statistiken der Agenturen für Arbeit sich mit Arbeitssuchenden füllen. Dieser Effekt wird sich sicherlich im Laufe der Jahre regulieren, ist jedoch für die Anfangszeit umso stärker zu erwarten.

k.) Auch ohne Wehrpflicht wäre die verfassungsrechtliche Rolle der Bundeswehr als Parlamentsarmee höchstwahrscheinlich nicht gefährdet, würde die militärische Führung das Primat der Politik nicht in Frage stellen, blieben die parlamentarische und öffentliche Kontrolle der Streitkräfte gewährleistet, würden die Maximen der Inneren Führung und des Konzeptes des Staatsbürgers in Uniform weder an Verbindlichkeit noch Wirksamkeit verlieren.[85] Widerstände aus dem Militär, dass die Abschaffung die Fähigkeit zur Kritik resp. Selbstkritik der Streitkräfte reduzieren würde sowie die Verbindung zur bundesdeutschen Gesellschaft verloren ginge, scheinen angesichts der Inneren Führung sowie der Ergebnisse dieser Studie unbegründet zu sein, werden jedoch für die Anfangszeit nach der Aussetzung durchaus erwartet.

---

85 Vgl. Lemke, *Welche Bundeswehr für den neuen Auftrag? Die Freiwilligenarmee ist die bessere Lösung*, Berlin: Stiftung Wissenschaft und Politik, Juni 2003 (S 26/03).

l.) Es scheint von großer Bedeutung zu sein, dass das Meinungsbild innerhalb der Gesellschaft zur Entscheidung einer Wehrpflichtabschaffung konkruent sein sollte. Zugleich ist mit einem zunehmenden Desinteresse an Fragen des Militärs und der Sicherheitspolitik zu rechnen. Dementsprechend muss es auch nach Abschaffung zu einer Intensivierung der Kommunikationsmaßnahmen über Sinn, Zweck, Inhalte und Ziele der Freiwilligenarmee Bundeswehr kommen.

m.) Die Erfahrungen der europäischen Partnerländer zeigen, dass es zu einer Verringerung der anteiligen Verteidigungsausgaben nur kommen wird, wenn bei Abschaffung der Wehrpflicht gleichzeitig eine radikale Verringerung des Personalbestandes der Bundeswehr vorgenommen werden würde. Hier kann man eine Ca.-Größe von 20% Reduzierung benennen. Das heißt, eine Bundeswehr bestehend aus Freiwilligen sollte demnach maximal ca. 200.000-210.000 Freiwillige umfassen, wenn der Effekt der absoluten und prozentualen Verringerung (am BIP) wirksam werden soll.[86]

n.) Gleiches gilt für die evtl. im Zuge einer Abschaffung angestrebte Erhöhung des investiven Anteils am Verteidigungshaushalt. Auch hier zeigt der Vergleich, dass dies nur umgesetzt werden kann, wenn im gleichen Atemzug durch die Verringerung der Bundeswehr erhebliche Personalkosten eingespart werden würden.

---

[86] Ein Grundwehrdienstleistender kostet pro Kalenderjahr derzeit 12.867 €. Ein Zeit- bzw. Berufssoldat, kostet im haushalterischen durchschnittlichen Kostensatz durchschnittlich 30.430 €. Man könnte so 35.000 Grundwehrdienstleistende durch 14.799 Freiwillige ersetzen. Bei Einrechnung der Freiwillig Zusätzlichen Wehrdienstleistenden sowie der Gates-Formel als auch der Berücksichtigung der europäischen Erfahrungswerte, liegt man bei einer Ca.-Gesamtreduktion von 20%; Vgl. Deutscher Bundestag, 16. Wahlperiode, *Drucksache 16/12681*, [wie FN 75]. S. 18f.

5. Zusammenfassung

Mit Blick auf das Ergebnis der Studie und die vergleichende europäische Betrachtung lässt sich Folgendes feststellen:
- Ähnlich wie in den vier untersuchten europäischen Ländern vor Abschaffung der Wehrpflicht, sind momentan einige Indikatoren eines beginnenden Erosionsprozesses der Wehrpflicht auch in der Bundesrepublik Deutschland auszumachen.
- Diese Abschaffungs-Indikatoren sind: die weiterhin steigende Zahl von Kriegsdienstverweigerern, in Verbindung mit einer subjektiven Verringerung der Wehrgerechtigkeit; die zunehmende Technisierung der Streitkräfte, verbunden mit subjektiv wahrgenommenen und stetig steigenden Qualifikationsanforderungen an Wehrpflichtige sowie eine Abnahme des Wehrpflicht-Images in der Gruppe der 16-29 Jährigen sowie der höher Gebildeten.
- Ein wesentlicher Indikator konnte allerdings nicht bestätigt werden: Der Erhalt der Wehrpflicht scheint derzeit keine Auswirkungen auf die Einsatzbereitschaft der Bundeswehr (speziell, was die Teilnahme an internationalen Einsätzen trotz Wehrpflicht betrifft) zu haben. Deutschland kann auch mit Wehrpflicht seinen Verpflichtungen im atlantischen Bündnis und gegenüber anderen Bündnissen nachkommen. Der europäische Vergleich hat ergeben, dass die untersuchten Partnerländer aus Nato und EU trotz Freiwilligenstreitkräften, prozentual am jeweiligen Gesamtbestand der Streitkräfte gemessen, nicht in der Lage sind, mehr Soldaten für die internationalen Einsätze abzustellen als die Bundesrepublik . Ein limitierender Faktor der deutschen Wehrpflicht auf Einsatzgestellungen kann damit in der vergleichenden Betrachtung nicht ausgemacht werden. Die Freiwilligenarmeen von Frankreich, Spa-

nien, Belgien und den Niederlanden liegen mit ihren Einsatzgestellungen im vergleichbar niedrigen Prozentbereich.
- Die analysierten Folgen und Auswirkungen der Wehrpflichtabschaffung sind nicht per se überwiegend und länderübergreifend als negativ zu bewerten, jedoch in ihrer Projektion auf Deutschland im Jahr 2009. Sie zeigen auf, dass nur eine kontrollierte Wehrpflichtabschaffung eine erfolgreiche Wehrpflichtabschaffung sein kann. Ein Prozess, der nicht nur auf Basis eines breiten politischen Konsenses, sondern auch eines gesellschaftlichen und militärischen Konsens von Statten gehen sollte, muss intensiv vorbereitet und durchdacht sein. Genau dies ist bei den europätischen Partner jedoch nur unzureichend passiert. Derzeit scheinen die Parameter in Deutschland für einen solchen kontrollierten Prozess nicht gegeben zu sein. Und die Folgen der Wehrpflichtabschaffung, wie sie die Verbündeten erlebt haben, scheinen so weitreichend und essentiell, dass sie Politik, Gesellschaft und Bundeswehr derzeit überrollen würden.
- Daher wird im Ergebnis der Arbeit empfohlen, die Wehrpflicht unter den gegebenen Vorzeichen nicht abzuschaffen, sondern sie grundlegend zu reformieren und zu überzeugender und glaubhafter zu kommunizieren. Nur dann, scheint eine Fortführung wirklichen und nachhaltigen Erfolg zu versprechen.
- Dennoch soll hier auch der Fall der Abschaffung nicht unerwähnt bleiben. In einem solchen Fall verdienen zwei Maßnahmenbündel besonders betrachtet zu werden: Dies ist zum einen der anzustrebende politische Konsens über die Frage der Wehrpflichtabschaffung und dessen Folgen. So sollte beispielsweise politisch vor einer Wehrpflichtabschaffung erst einmal entschieden werden, ob man mit einer wesentlich verkleinerten Bw alle politisch zugewiesenen

Aufträge auch erfüllen kann. Denn eine notwendige Verkleinerung steht als eine der Hauptfolgen einer Abschaffung außer Frage. Andererseits wären eine Reihe von Maßnahmen im Bereich der Öffentlichkeitsarbeit, des Marketing und der Nachwuchsgewinnung, welche unmittelbaren Einfluss auf das Image der Bundeswehr und damit auch auf das der Wehrpflicht haben, notwendig.

- Eine Abschaffung wird allerdings im Ergebnis dieser Studie nur als zweitbeste Variante betrachtet. Eine Fortführung ist gegenwärtig der Vorrang zu geben. Diese ist allerdings nicht zum Nulltarif zu haben. Wenn die Politik sich dafür entscheidet, muss es besonders in den Bereichen Wehrgerechtigkeit/Dienstgerechtigkeit; Image der Streitkräfte und glaubwürdige Kommunikation des Wehrpflichtgedankens grundlegende Veränderungen geben.

Zusammenfassend kann man formulieren: Derzeit ist unter Betrachtung der Folgen und Auswirkungen einer Wehrpflichtabschaffung der europäischen Verbündeten eine derartige Abschaffung für Deutschland nicht zu empfehlen. Die meisten Partner sind im Prozess der Abschaffung in eine Art „Modernisierungsfalle" getappt und haben Gesellschaft und Militär überfordert. Erst bei Einstellung aller erforderlichen Vorzeichen in Politik, Gesellschaft und Militär, könnte eine Abschaffung der deutschen Wehrpflicht einen nachhaltigen Erfolg haben. Daher ist die Beibehaltung gegenwärtig die vernünftigere Alternative und ihr der Vorzug zu geben. Diese ist aber nicht zum Nulltarif zu haben. U.a. wird daher empfohlen, zur Bearbeitung des identifizierten Abschaffungs-Indikators Wehrgerechtigkeit, über eine Reduzierung der Wehrpflichtdauer nachzudenken, da dies zu einer signifikanten Erhöhung der Wehrgerechtigkeit führt. Die bisher gängige Praxis durch die Anpassung der Einberufungskriterien auf den unterschiedlichsten Ebenen die Wehrgerechtigkeit zu erhöhen, scheint auch aufgrund der neuerlichen verfassungsrechtlichen Debatte keinen spürbaren Erfolg zu haben.[87]

---

[87] Vgl. Verwaltungsgericht Köln, *Beschlüsse der 8. Kammer vom 03.12.2008, AZ 8K 5791/08 und AZ 8K 5913/08, Köln*, 03.12.2008; Deutscher Bundestag, *Drucksache 16/12522*, Antwort der Bundesregierung auf die kleine Anfrage der Abgeordneten Paul Schäfer, Michael Leutert, Dr. Norman Paech und der Fraktion DIE LINKE – Drucksache 16/12207 – *Umsetzung der Wehrpflicht im Jahr 2008*, Berlin, 26.03.2009.

6. Handlungsempfehlungen

Der eingangs dieser Studie formulierte Professionalisierungsdruck muss nicht zwangsläufig zur Abschaffung der Wehrpflicht in der Bundesrepublik Deutschland führen. Die analysierten und dargestellten Folgen der Wehrpflichtabschaffung in vier europäischen Ländern haben eher aufgezeigt, dass die Partnernationen im Zuge der Abschaffung der Wehrpflicht in eine „Modernisierungsfalle" getappt sind. Diese hat sich immer dann aufgetan, wenn von nationalen Interessen getrieben, die Wehrpflicht in quasi „Adhoc-Aktionen" ausgesetzt wurde bzw. die Entscheidung dazu so gefällt wurde. Dies legt die Vermutung nahe, dass es anscheinend eine Art kontrollierte Abschaffung, basierend auf einem breiten politischen Konsens, kaum zu geben scheint. Genau diese wäre aber notwendig, um sie sowohl für die Politik als auch für das Militär erfolgreich, zukunftsweisend und nachhaltig realisieren zu können. Das Thema Wehrpflicht wurde zudem oftmals instrumentalisiert, um dadurch die Zielgruppen, nämlich die durch eine Abschaffung betroffenen jungen Menschen, für sich zu gewinnen. Die aufgezeigten Folgen sind demnach länderübergreifend in ihrer Projektion auf Deutschland als eher negativ zu bewerten.

Sollte man sich im politischen Willensbildungsprozess in der Bundesrepublik Deutschland für eine Abschaffung der Wehrpflicht entscheiden, kann eine der wesentlichen Handlungsempfehlungen nur lauten, eine kontrollierte Abschaffung vorzunehmen - eine Abschaffung, deren Folgen vorher im Detail bedacht sein müssen und deren „Preis" jedem klar sein muss. Eine Abschaffung, die alle mitnimmt, die Gesellschaft, die Politik und das Militär. Nur dann wird es möglich sein, nicht in die „Modernisierungsfalle" zu geraten und die Bundeswehr und deren Angehörige nicht zu überfordern. Dabei sollte die Begründung der Abschaffung der Wehrpflicht weniger über ideologische denn über sicherheits- und gesellschaftspolitische Argumente erfolgen. Dabei zeigt sich, dass ein breiter Konsens über alle politischen Parteien hinweg am meisten förderlich zu sein scheint und die rasche und erfolgreiche Implementierung einer Freiwilligenarmee fördert. Es empfiehlt sich dazu, die vorhersehbaren Folgen und deren strategische Bearbeitung einer Wehrpflichtabschaffung rechtzeitig vor deren Vollzug bereits in den parlamentarischen Entscheidungs- und Abstimmungsprozess aufzunehmen bzw. unmittelbar an die Gesetzgebung zur Abschaffung der Wehrpflicht zu koppeln.[88] Des Weiteren sollte vor einer Entscheidung zur Abschaffung, auf das Meinungsbild innerhalb der bundesdeutschen Bevölkerung in diese Richtung positiv durch geeignete Maßnahmen eingewirkt werden. Nur unter diesen Bedingungen könnte, sofern der politische Wille dafür vorhanden ist, eine Abschaffung Erfolg haben.

Sollte man sich auf politischer Seite jedoch für eine Beibehaltung der Wehrpflicht entscheiden, was an dieser Stelle aufgrund der dargelegten Argumente dringend empfohlen wird, so hätte man grundsätzlich die aufgezeigten Abschaffungs-Indikatoren der

- relativ geringen Wehrpflichtrate,
- der zunehmenden Anzahl an Kriegsdienstverweigerern,
- der weiter steigenden Qualifikationsanforderungen an Wehrpflichtige sowie
- des Images der Streitkräfte

---

[88] Hier sprechen wir von einer mindestens 3-jährigen, besser noch 5-jährigen Vorlaufzeit - von der Entscheidung zur Aussetzung bis zur tatsächlich letzten Einberufung eines Grundwehrdienstleistenden.

in politische Willens- und Entscheidungsfindungsprozesse einfließen zu lassen. Passiert dies nicht, und die anhaltende Diskussion über die deutsche Wehrform wird fortgesetzt, so werden aus diesen Indikatoren mittelfristig Katalysatoren einer Wehrpflichtabschaffung werden. Die Erfahrungen aus den untersuchten Ländern legen diesen Schluss nahe.

Was die Wehrpflichtdauer anbelangt, so gilt es politisch einen Widerspruch zu bewältigen: Einerseits sollte zur Erhöhung der Wehrgerechtigkeit die Wehrpflichtdauer gesenkt werden und andererseits führt jedoch in der vergleichenden europäischen Betrachtung eine immer weiter sinkende Wehrpflichtdauer zu einer immer stärker werdenden Korrosion des Wehrpflichtgedankens und seiner Wahrnehmung in allen gesellschaftlichen Schichten. Eine Möglichkeit dies Dilemma aufzulösen, wäre z.B. die Implementierung des Modells „5 plus 1 Moderne Wehrpflicht im Gesellschaftsdienst". Dieses Modell führt zu einer signifikanten Erhöhung der Wehrgerechtigkeit und verschafft dem Wehrdienst neue, inhaltlich nicht zu unterschätzende, Sinnzusammenhänge.[89] Außerdem könnte durch Implementierung dieses Modells das sich weiter verschärfende Problem der Nachwuchsgewinnung der Bundeswehr besser als mit jedem anderen bekannten Modell bewerkstelligen lassen.[90]

Abschließend bleibt festzustellen, dass sich die Einsatzarmee Bundeswehr eben nicht wie oft behauptet durch ihre Wehrpflicht selber im Wege steht. Sie kann derzeit alle eingegangenen als auch potentiellen Ver-

---

89 Vgl. Ahammer, Andreas/Nachtigall, Stephan, *5 plus 1, Wehrpflicht der Zukunft im Gesellschaftsdienst. Mit einem Vorwort des Wehrbeauftragten des Deutschen Bundestages und einem Beitrag von Dr. Detlef Buch*, Baden-Baden 2009.
90 Vgl. Buch, Detlef, „5 plus 1" weiter gedacht, Die Wehrpflicht zwischen Glaubwürdigkeitslücke und Pattsituation – Wege zur höheren Akzeptanz und besseren Verständlichkeit der Wehrpflicht, in: Ahammer, Andreas/Nachtigall, Stephan, *5 plus 1 – Wehrpflicht der Zukunft im Gesellschaftsdienst, Mit einem Vorwort vom Wehrbeauftragten des Deutschen Bundestages und einem Beitrag von Dr. Detlef Buch*, Baden-Baden 2009.

pflichtungen als beitragender Truppensteller in internationalen Einsätzen der Nato, EU, VN und OSZE in gleichem Maße wie die Verbündeten bedienen. Eine Abschaffung der Wehrpflicht wäre somit im Moment zwar grundsätzlich möglich, würde aber lediglich den Effekt haben, dass

1.) die zu Beginn erwähnte Glaubwürdigkeitslücke geschlossen wird,
2.) die Diskussionen um die Wehrpflicht endeten,
3.) eine starke Umfangreduzierung der Streitkräfte erforderlich würde,
4.) zahlreiche kostenintensive Maßnahmen der Nachwuchsgewinnung implementiert werden müssten,
jedoch
5.) kein spürbarer Zugewinn bei Einsatzgestellungen und der Erfüllung eingegangener Bündnisverpflichtungen zu erwarten wäre.

Dies ist auch mit der im Augenblick durchgeführten Ausgestaltung und Umsetzung der Wehrpflicht in der Bundesrepublik Deutschland möglich. Daher liegt es nahe, dass eine Abschaffung der Wehrpflicht derzeit nicht zu empfehlen ist. Die negativen Folgen und Auswirkungen überwiegen derzeit. Gleichzeitig sind weder in der Politik noch im Militär die Vorzeichen auf Abschaffung ausgerichtet. Ihre Fortführung sollte allerdings nicht unter den derzeitigen Vorzeichen stattfinden. Sie benötigt einen neuen Sinn, die Diskussionen um Wehrpflicht und Wehrgerechtigkeit sollten beendet werden und ihre Kommunikation muss glaubhafter und verständlicher werden.

7. Anhang

Abkürzungsverzeichnis

BIP	Bruttoinlandsprodukt
EU	Europäische Union
ESVP	Europäische Sicherheits- und Verteidigungspolitik
NATO	North Atlantic Treaty Organization
NRF	Nato Response Force
GWDL	Grundwehrdienstleistender
FWDL	Freiwillig zusätzlichen Wehrdienst Leistender
KDV	Kriegsdienstverweigerung
PP	Partido Popular

Tabelle

Übersicht über die Wehrstrukturentscheidungen in Nato und EU

Land	EU-Mitglied	Nato-Mitglied	Wehrpflicht beibehalten in Form von:	Abschaffung/Aussetzung der Wehrpflicht zum:
Albanien	-	x	-	Beschluss vom 13.08.2008-Aussetzung zum 01.01.2010
Belgien	x	x	-	31.12.1993
Bulgarien	x	x	-	01.01.2008
Dänemark	x	x	Wehrpflicht als Gesellschaftsdienst (im Heimatschutz)	-
Deutschland	x	x	Wehrpflicht für 9 Monate	-
Estland	x	x	Wehrpflicht für 8 Monate	
Finnland	x	-	Wehrpflicht zwischen 240 und 330 Tagen	-
Frankreich	x	x	-	zum 31.12.2001 mit Gesetz vom 22.02.1996
Griechenland	x	x	Wehrpflicht für 12 Monate	-
Großbritanien	x	x	-	seit 1963 keine Einberufung von Wehrpflichtigen mehr
Irland	x	-	-	traditionell keine Wehrpflicht

Island	-	x	-	-
Italien	x	x	-	Gesetz vom 14.11.2000 zum 31.12.2004
Kanada	-	x	-	Wehrpflicht nur während der Weltkriege
Kroatien	-	x	-	Abschaffung bis 2010, ab 2008 keine Einberufungen mehr (Beschluss vom Oktober 2007)
Lettland	x	x	-	zum 01.01.2007
Litauen	x	x	-	Befehl vom 15.09.2008 mit Wirksamkeit zum 01.07.2009
Luxemburg	x	x	-	keine Wehrpflicht seit 1967
Malta	x	-	-	keine Wehrpflicht
Niederlande	x	x	-	Änderung der Verfassung vom 05.09.1995 letztmalige Einberufung zum 01.08.1997
Norwegen	-	x	Wehrpflicht zwischen 6 und 12 Monaten	-
Österreich	x	-	Wehrpflicht für 8 Monate	-
Polen	x	x	-	01.01.2009
Portugal	x	x	-	Verfassungsänderung in 09/1997 mit Aussetzung bis 31.12.2004
Rumänien	x	x	-	Abschaffung in 01/2007

Schweden	x	-	Wehrpflicht für 7,5 Monate	-
Slowakische Republik	x	x	-	Abschaffung zum 01.01.2006
Slowenien	x	x	-	Abschaffung zum 31.12.2003
Spanien	x	x	-	Beschluss von 1995, Gesetzgebung von 1999, Abschaffung 31.12.2001
Tschechien	x	x	-	Abschaffung 01.01.2005
Türkei	-	x	Wehrpflicht für 5,5-15 Monaten	-
Ungarn	x	x	-	Aussetzung 03.11.2004
USA	-	x	-	Abschaffung 1973
Zypern	x	-	Wehrpflicht für 24 Monate (Südzypern) und 26 Monate (Nordzypern)	-

8. Literaturverzeichnis

Adamshick, Mark, *Social Representation in the U.S. Military Services*, Circle Working Paper 32 (MAY 2005), S. 3.

Ahammer, Andreas/Nachtigall, Stephan, *5 plus 1, Wehrpflicht der Zukunft im `Gesellschaftsdienst`*, http://www.fuenfpluseins.de (eingesehen am 22.10.2008)

Ahammer, Andreas/Nachtigall, Stephan, *5 plus 1 – Wehrpflicht der Zukunft im Gesellschaftsdienst, Mit einem Vorwort vom Wehrbeauftragten des Deutschen Bundestages und einem Beitrag von Dr. Detlef Buch*, Baden-Baden 2009.

Ajangiz, Rafael, THE EUROPEAN FAREWELL TO CONSCRIPTION?, in: *The Comparative Study of Consceription in the Armed Forces*, Volume 20, Elsevier B.V., 2002, S. 307-333.

Anheier, Helmut K./Toepler, Stefan, *Bürgerschaftliches Engagement zur Stärkung der Zivilgesellschaft im internationalen Vergleich*. In: Enquete-Kommission „Zukunft des Bürgerschaftlichen Engagements" des 14. Deutschen Bundestages (Hrsg.), S. 13-55, Berlin, 2003

Antimilitarismus Information, *Spanien: Abschaffung der Wehrpflicht*, in: ami, 31 (August 2001), 7-8, S. 7-14

Arbeitsgemeinschaft der Evangelischen Jugend in der Bundesrepublik Deutschland e.V./Zentralstelle für Recht und Schutz der Evangelischen Jugend in der Bundesrepublik Deutschland e.V., *Schwarzbuch Wehrpflicht, 99 Fälle aus der Praxis*, Bremen 2007

Auswärtiges Amt, Länderninformationen Belgien, Sicherheits- und Verteidigungspolitik, http://www.auswaertiges-amt.de/diplo/de/ Laenderinformationen/Belgien/Aussenpolitik.html (eingesehen am 07.05.2009)

Bailes, Alyson, *The conscription debate that Europe shies away from*, in: Europe's World, Spring 2009, S. 69-72

Bart, Roni, *Warfare-Morality-Public Relations, Proposals for Improvement*, Strategic Assessment, Volume 12, No. 1, June 2009.

Bartels, Henning, *Das Ende der Wehrpflicht in Deutschland?*, in: Europäische Sicherheit, (September 2007), o.S.

Bautzmann, Georg, Gedanken zur künftigen Wehrstruktur – ein Beitrag zur aktuellen Diskussion um die allgemeine Wehrpflicht, in: Steinkamm, Armin A./Schössler, Dietmar (Hg.), *Wehrhafte Demokratie 2000 – zu Wehrpflicht und Wehrstruktur, Politische, rechtliche, gesellschaftliche und militärische Dimensionen des Wehrstrukturproblems der Bundesrepublik Deutschland in der „postkonfrontativen Periode"*, Baden-Baden 1999, S. 236-239

Beck, Ulrich, *Risikogesellschaft-Auf dem Weg in eine andere Moderne*, Frankfurt am Main, 1986

Beck, Ulrich, *Riskante Freiheiten*, Frankfurt am Main 1994

Beck, Ulrich, Giddens, Anthony, Lash, Scott, *Reflexive Modernisierung-Eine Kontroverse*, Frankfurt am Main, 1996

Beck, Hans-Christian, Der Bürger in Uniform, die Konzeption der Inneren Führung und die möglichen Konsequenzen eines „Bruchs" in der wehrstrukturellen Kontinuität, in: Steinkamm, Armin A./Schössler, Dietmar (Hg.), *Wehrhafte Demokratie 2000 – zu Wehrpflicht und Wehrstruktur, Politische, rechtliche, gesellschaftliche und militärische Dimensionen des Wehrstrukturproblems der Bundesrepublik Deutschland in der „postkonfrontativen Periode"*, Baden-Baden 1999, S. 162-177

Bennett, Jody Ray, US: From Militant to Military, http://www.isn.ethz.ch/isn/Current-Affairs/Security-Watch/Detail/?..., (eingesehen am 25.02.2009)

Bertram, Christoph, *Unsere Soldaten leisten ein Sonderopfer – Wehrgerechtigkeit gibt es nicht: Wer einberufen wird, muss entschädigt werden*. In: Der Tagesspiegel online, eingesehen unter http://www.tagesspiegel.de/meinung/kommentare/Bundeswehr-Wehrgerechtigkeit;art141,2764696 (eingesehen am 03.04.2009)

Besselink, Leonard F.M., *Military Law in the Netherlands*. In Georg Nolte (Hrsg.), European Military Law Systems, Berlin, S. 547-647

Birkenfeld, Florian, *Die Wehrpflicht in Deutschland, Kosten, Vergleich, Perspektiven*, Saarbrücken 2006

Bischof, Gerd, Statement des Referatsleiters Fü S I 4 zum Thema „Wehrpflicht", in: Andreas Prüfert (Hg.), *Hat die allgemeine Wehrpflicht in Deutschland eine Zukunft? Zur Debatte um die künftige Wehrstruktur*, Baden-Baden 2003, S. 83-86

Boene, Bernard, Going, Going, Gone: How France Did Away With Conscription (1996-2001), in: Malesic, Marjan, *Conscription vs. All-Volunteer Forces in Europe*, 1. Aufl., Bd. 33, Baden-Baden 2003, S. 101-132

Bos-Bakx, Miepke/Soeters, Joseph, The Professionalization of the Netherlands`Armed Forces, in: Malesic, Marjan, *Conscription vs. All-Volunteer Forces in Europe*, 1. Aufl., Bd. 33, Baden-Baden 2003, S. 83-100

Breyne, Johan, *Questionnaire concerning lessons learned with a volunteer army*, Brussels, 26.05.2009

Brozska, Ina, *Werbefeldzug der Bundeswehr, Muss ich da an die Front?*, <http://www.spiegel.de/unispiegel/jobundberuf/0,1518,595164,00.html

Brunner, J., *Las suspension du service militaire en belgique, quels enseignements pour la suisse*, Institut Royal Superieur, Mai 2001

Buch, Detlef, „5 plus 1" weiter gedacht: Die Wehrpflicht zwischen Glaubwürdigkeitslücke und Pattsituation! Wege zur höheren Akzeptanz und besseren Verständlichkeit der Wehrpflicht, in: Ahammer, Andreas/ Nachtigall, Stephan, *5 plus 1 – Wehrpflicht der Zukunft im Gesellschaftsdienst, Mit einem Vorwort vom Wehrbeauftragten des Deutschen Bundestages und einem Beitrag von Dr. Detlef Buch*, Baden-Baden 2009

Bundesministerium der Verteidigung, *Allgemeine Wehrpflicht - Grundlagenpapier „Moderne Wehrpflicht für die Bundeswehr der Zukunft"*, Berlin 2004

Bundesministerium der Verteidigung (Hg.), *Moderne Wehrpflicht für die Bundeswehr der Zukunft*, Berlin 2007

Bundesministerium der Verteidigung (Hg.), *Wehrpflicht, Wehrform mit Zukunft*, Berlin 2008

Bundesministerium der Verteidigung, *Der Wehrdienstberater*, http://www.bundeswehr.de/portal/a/bwde/kcxml/04_Sj9SPykssy0xP LMnMz0vM0Y_QjzKLd443MQwASYGYxgEh-pEwsaCUVH1vfV-P_NxU_QD9gtyIckdHRUUANJA4ng!!/delta/base64xml/L3dJdyEvd0Z N QUFzQUMvNElVRS82X0NfNEFS (eingesehen am 11.02.2009).

Bundesverfassungsgericht, *Beschluss vom 20.02.2002, 2 BvL 5/99, Absatz1-50*, Karlsruhe 2002

Bundesverfassungsgericht, *Beschluss vom 22.07.2009, 2 BvL 3/09, Absatz-Nr. (1-28)*, Karlsruhe, 2009

Bundesverwaltungsgericht, *Beschluss vom 19.01.2005*, Az.: BVerwG 6C9.04, Leipzig, 19.01.2005

Bundesverwaltungsgericht, *Beschluss vom 26.06.2006*, Az.: BVerwG 6B 9.06, Leipzig, 26.06.2006.

CDU/CSU Fraktion ds Deutschen Bundestages, *Bundeswehr in einem geänderten sicherheitspolitischen Umfeld*, Berlin: Deutscher Bundestag, Fraktion der CDU/CSU 2005 (Arbeitspapier)

CIS (Centro de Investigaciones *Sociológicas), La Defensa Nacional Y El Ejército, V, Estudio No. 2.447*, Madrid, Febrero 2002

Clement, Rolf, *Wehrpflicht-unverzichtbar für das innere Gefüge der Bundeswehr*, in: *IFDT*, 47 (3. Quartal 2003, 12-17

Colatrella, Marcel, Frankreichs Verteidigungspolitik und die neue Wehrstruktur, in: Steinkamm, Armin A./Schössler, Dietmar (Hg.), *Wehrhafte Demokratie 2000 – zu Wehrpflicht und Wehrstruktur, Politische, rechtliche, gesellschaftliche und militärische Dimensionen des Wehrstrukturproblems der Bundesrepublik Deutschland in der „postkonfrontativen Periode"*, Baden-Baden 1999, S. 132-151

Couzy, Hans A., *Die Niederlande und die Wehrpflicht*, Interview mit Generalleutnant Hans Couzy, Inspekteur des niederländischen Heeres, in: *Europäische Sicherheit*, 45 (Juni 1996), S. 33-34
La Défense page principale, Auslandseinsätze der belgischen Streitkräfte, http://www.mil.be/def/index.asp (eingesehen am 07.05.2009)

Demmer, Ulrike/ Feldenkirchen, Markus/Szandar, Alexander, *Merkels Märchen, Die Regierungschefin und ihr Verteidigungsminister klammern sich mit aller Macht an die Wehrpflicht. Das das deutsche Modell ist schon lange nicht mehr zeitgemäß. Nach der Bundestagswahl kommt es endlich auf den Prüfstand*, in: Der Spiegel, 31/2009, S. 20-24.

Deutscher Bundestag, *Hat die Wehrpflicht eine Zukunft? – Ein Beitrag zur aktuellen Diskussion*, Berlin: Wissenschaftliche Dienste des Deutschen Bundestages, Fachbereich II, WF II 144/03, (Oktober 2003)

Deutscher Bundestag, *Umsetzung der Wehrpflicht 2006*, Antwort der Bundesregierung auf die Kleine Anfrage der Abgeordneten Paul Schäfer (Köln), Monika Knoche, Dr. Diether Dehm, weiterer Abgeordneter und der Fraktion DIE LINKE, Berlin: Deutscher Bundestag (Drucksache 16/5390)

Deutscher Bundestag, Drucksache 16/11798, *Kleine Anfrage der Abgeordneten Ulla Jelpke, Wolfgang Neskovic, Petra Pau, Jörn Wunderlich und der Fraktion DIE LINKE-Militäraufmärsche in der Öffentlichkeit und Reklameeinsätze der Bundeswehr im Jahr 2009*, Berlin, 28.01.2009

Deutscher Bundestag, *Drucksache 16/12522, Antwort der Bundesregierung auf die Kleine Anfrage der Abgeordneten Paul Schäfer, Michael Leutert, Dr. Norman Paech und der Fraktion DIE LINKE – Drucksache 16/12207-, Umsetzung der Wehrpflicht im Jahr 2008*, Berlin, 26.03.2009

Deutscher Bundestag, *Drucksache 16/12681, Antwort der Bundesregierung auf die Große Anfrage der Abgeordneten Birgit Homburger, Elke Hoff, Dr. Rainer Stinner, weiterer Abgeordneter und der Fraktion der FDP – Drucksache 16/9962-, Die Bundeswehr-Eine aufgabenorientierte Streitkraft?*, Berlin, 22.04.2009

Deutscher Bundeswehrverband, *Bericht zur Mitgliederbefragung des Deutschen BundeswehrVerbandes (Strohmeier-Studie)*, Passau, 26. April 2007.

Direction des Communications SUEZ, *Sie werden die Zukunft lieben*, in: TERRE BLEUE, Mitarbeitermagazin von SUEZ, Nummer 27 (Winter 2007-2008), S. 18-37

van Dort, Hugo, *Zur Frage der Wehrpflicht, Ein Vergleich zwischen der niederländischen und der deutschen Wehrpflicht-Diskussion*, in: *Österreichische Militärzeitschrift*, 42 (Jänner/Februar 2004), S. 63-67

Fleischauer, Jens, *Wehrpflichtarmee und Wehrgerechtigkeit, Die Verfassungsmäßigkeit der allgemeinen Wehrpflicht im Blickwinkel sicherheitspolitischer, gesellschaftlicher und demographischer Veränderungen*, Hamburg 2007

Flynn, George Q., *Conscription and democracy, The Draft in France, Great Britain, and the United States*, Westport-Connecticut, London, 2002

Forster, Franz-Xaver, Die Rolle der Reservisten im internationalen Wehrstrukturvergleich, in: Steinkamm, Armin A./Schössler, Dietmar (Hg.), *Wehrhafte Demokratie 2000 – zu Wehrpflicht und Wehrstruktur, Politische, rechtliche, gesellschaftliche und militärische Dimensionen des Wehrstrukturproblems der Bundesrepublik Deutschland in der „postkonfrontativen Periode"*, Baden-Baden 1999, S. 120-131

Frevert, Ute, *Die kasernierte Nation, Militärdienst und Zivilgesellschaft in Deutschland*, München 2001

Gaschke, Susanne, *Anders kämpfen – Wehrpflicht heißt: bessere Soldaten*, in: *Die Zeit*, (13.05.2004), S. 10

Gauzy-Krieger, Florence /Meyer, Berthold, *Wege und Umwege zur Professionalisierung, Ein Vergleich der Militärreformen in Frankreich und Deutschland*, Frankfurt am Main: Hessische Stiftung Friedens- und Konfliktforschung, (HSFK-Report 16/2003)

George, Julie A. / Teigen, Jeremy M., *NATO Enlargement and Institution Building: Military Personnel Policy Challenges in the Post-Soviet Context*, New York 2008

Gerhardt, Wolfgang, Position der FDP-Fraktion zum Thema „Wehrpflicht", in: Andreas Prüfert (Hg.), *Hat die allgemeine Wehrpflicht in Deutschland eine Zukunft? Zur Debatte um die künftige Wehrstruktur*, Baden-Baden 2003, S. 91-93

Gertz, Bernhard, Zwischen Hindukusch und Hindelang, in: Prüfert, Andreas (Hg.), *Hat die allgemeine Wehrpflicht in Deutschland eine Zukunft? Zur Debatte um die künftige Wehrstruktur*, Baden-Baden 2003, (Forum Innere Führung Band 21), S. 79-82

Gose, Stefan, *Wehrpflicht am Ende. Fakten und Argumente zur Abschaffung der Allgemeinen Wehrpflicht in der BRD*, Berlin 2000

Groß, Jürgen/Lutz, Dieter, S., *Wehrpflicht ausgedient?* Hamburg: Institut für Friedensforschung und Sicherheitspolitik an der Universität Hamburg, Juli 1996 (Heft 103)

Groß, Jürgen, *Armee der Illusionen, Die Bundeswehr und die allgemeine Wehrpflicht*, Hamburg: Institut für Friedensforschung und Sicherheitspolitik an der Universität Hamburg, Juli 1997 (Heft 105)

Groß, Jürgen, *Die Abschaffung der Wehrpflicht – kein Schaden für die Innere Führung*, in: Sicherheit und Friefen, 22 (März 2004)

Hahn, Oswald, Ökononmische Aspekte der Wehrstrukturmodelle, in: Steinkamm, Armin A./Schössler, Dietmar (Hg.), *Wehrhafte Demokratie 2000 – zu Wehrpflicht und Wehrstruktur, Politische, rechtliche, gesellschaftliche und militärische Dimensionen des Wehrstrukturproblems der Bundesrepublik Deutschland in der „postkonfrontativen Periode"*, Baden-Baden 1999, S. 79-89

Haltiner, Karl W., *The Definite End of the Mass Army in Western Europe?*, in Armed Forces & Society, 25, 1998, S. 7-36

Haltiner, Karl W., Die Wehrpflicht vor dem Aus? Europas Streitkräfte im Umbruch, in: Prüfert, Andreas (Hg.), *Hat die allgemeine Wehrpflicht in Deutschland eine Zukunft? Zur Debatte um die künftige Wehrstruktur*, Baden-Baden 2003, (Forum Innere Führung Band 21), S. 21-38

O'Hare, William/Bishop, Bill, *U.S. Rural Soldiers Account for a Disproportionately High Share of Casualties in Iraq and Afghanistan*, Carsey Institute Fact Sheet No. 2 (Fall 2006)

Hartmann, Stefan, *Sicherheits- und verteidigungspolitische Positionen deutscher Parteien*, Hamburg: Führungsakademie der Bundeswehr (Lehrgangsarbeit während des LGAN 2006)

Hartwig, Michael, Warnendes Beispiel Spanien, in: *Y. Magazin der Bundeswehr* (05/2004), S. 105

Hausbeck, Volker, Die Bedeutung der Wehrpflicht für die Bündnis- und Landesverteidigung der Bundesrepublik Deutschland, „Alles ist im Wandel!-Auch bei der Bundeswehr! – Merkt es überhaupt jemand?", in: Steinkamm, Armin A./Schössler, Dietmar (Hg.), *Wehrhafte Demokratie 2000 – zu Wehrpflicht und Wehrstruktur, Politische, rechtliche, gesellschaftliche und militärische Dimensionen des Wehrstrukturproblems der Bundesrepublik Deutschland in der „postkonfrontativen Periode"*, Baden-Baden 1999, S. 107-119

Herz, Christian, *Kein Frieden mit der Wehrpflicht, Entstehungsgeschichte, Auswirkungen und Abschaffung der allgemeinen Wehrpflicht*, Münster 2003

Hissler, Sascha, *Das Militär in der Postmoderne – Elemente des Wandels*, München: Studienarbeit, 2001 (Grin Verlag für akademische Texte, Dokument Nr. V7515)

Infratest Dimap, Deutschland – *Minderheit der Bevölkerung für Afghanistaneinsatz der Bundeswehr*, http://www.infratestdimap.de/nc/service/kontakt/suche/?tx_indexesearch[extResume]=1&tx_indexedsearch[type]=1&tx_indexedsearch[group]=flat&tx_indexedsearch[lang]=0&tx_indexedsearch[sword]=Afghanistan&tx_indexedsearch[freeIndexUid]=-1&tx_indexedsearch[results]=10&tx_indexedsearch[defOp]=0&tx_indexedsearch[sections]=0&tx_indexedsearch[media]=-1&tx_indexedsearch[order]=rank_flag&tx_indexedsearch[desc]=0 (eingesehen am 08.05.2009)

Irondelle, Bastien, *Civil-Military Relations and the End of Conscription in France*, in: Security Studies, (01.03.2003), S. 157-187

Jacobs, Jörg, *Von Falken und Tauben, Einstellungen der deutschen Bevölkerung*, in: if-Zeitschrift für Innere Führung, Nr. 3/2008, S. 58-61

Jung, Franz-Josef, *Wir sollten bei der Wehrpflicht bleiben – Minister Jung gegen Vorschlag aus der SPD*, Berlin: Deutschlandradio, Interview http://www.dradio.de/dif/sendungen/interview_dif/659855/ (eingesehen am 21.08.2007)

Jung, Franz-Josef, *Warum wir die Wehrpflicht brauchen – Junge Männer die den Grundwehrdienst leisten, stärken die Armee in der Demokratie*, in: Handelsblatt, (13.09.2007), S. 8

Jung, Franz-Josef, *„Künftig mehr Wehrpflichtige einziehen"*, in: Frankfurter Allgemeine Zeitung, 27.07.2009, Nr. 171, S. 4

Kempin, Ronja, *Modernisierung der französischen Sicherheits- und Verteidigungspolitik, Das Weißbuch „Verteidigung und nationale Sicherheit" und seine Umsetzung*, Berlin: Stiftung Wissenschaft und Politik, August 2008 (SWP-Aktuell 68/2008)

Klein, Paul, *Erste Schritte, Holland und Belgien im Übergang zur Freiwilligenarmee*, in: IFDT, 40 (März 1996), S. 30-35

Klein, Paul, Zukunft der Wehrpflicht in Deutschland, in: Prüfert, Andreas (Hg.), *Hat die allgemeine Wehrpflicht in Deutschland eine Zukunft? Zur Debatte um die künftige Wehrstruktur*, Baden-Baden 2003, (Forum Innere Führung Band 21), S. 69-79

Klüver, Reymer, *Das Sakrileg des Generals a.D.-Studie: Berufssoldaten wären nicht teurer als Wehrpflichtige*, in: Süddeutsche Zeitung (17.06.2004), S. 10

Koci, Jonilda, *Albania to abolish conscription by 2010*, <http://www.setimes.com/cocoon/setimes/xhtml/en_GB/features/setimes/features/2008/08/21/feature-03> (eingesehen am 20.04.2009)

Kommission Europäische Sicherheit und Zukunft der Bundeswehr am IFSH, *Der Wegfall des Zivildienstes muss nicht mehr schrecken*, in: Sicherheit und Frieden, 22 (Februar 2004), S. 101-104

Krakiewicz, Aleksandra/ Buras, Piotr, *Die Außen- und Sicherheitspolitik Polens unter der Regierung Tusk*, Berlin: Stiftung Wissenschaft und Politik, Mai 2008 (SWP-Aktuell 40/08)

Kulish, Nicholas, *As Draft Ends, Polish Military Faces Struggle to Modernize*, in: New York Times, 12.12.2008, S. A06.

Kuhlmann, Jürgen/Lippert, Ekkehard, *Wehrpflicht ade? Wider und für die Wehrpflicht in Friedenszeiten*, München: Sozialwissenschaftliches Institut der Bundeswehr, März 1991 (SOWI-Arbeitspapier Nr. 48)

Lange, Sebastian, *Der Erfolg von „Public Diplomacy"*, Eine theoretische Analyse am Fallbeispiel Deutschland, Saarbrücken 2007

Leander, Anna, *Drafting Community: Understanding the Fate of Conscription*, in: Armed Forces & Society , 24, 1998, S. 315-332

Leander, Anna, *Drafting community, The integrative Role of Conscription in an Age of Globalisation*, Kobenhagen: Peace Research Institute, 2002, (Working Papers 17/2002)

Lemke, Hans-Dieter, *Welche Bundeswehr für den neuen Auftrag? Die Freiwilligenarmee ist die bessere Lösung*, Berlin: Stiftung Wissenschaft und Politik, Juni 2003 (S 26/03)

Leonhard, Nina/Werkner, Ines-Jacqueline (Hg.), *Militärsoziologie – Eine Einführung*, Wiesbaden 2005

van der Loo, Hans/van Reijen, Willem, *Modernisierung, Projekt und Paradox*, München 1992

Löwenstein, Stephan, *Der Wert der Wehrpflicht*, in: Frankfurter Allgemeine Zeitung (08.06.2005), S. 1

Malesic, Marjan, *Conscription vs. All-Volunteer Forces in Europe*, 1. Aufl., Bd. 33, Baden-Baden 2003

Manigart, Philipee, *The Professionalization of the Belgian Armed Forces*, Royal Military Academy, First draft, Belgium July 2001.

van der Meulen, Jan/ Manigart, Philippe, *Zero Draft in the Low Countries: The Final Shift to the Mil-volunteer Force*, in: Armed Forces & Society 1998; 24; 315

Merkel, Angela, Position der CDU/CSU-Fraktion zum Thema „Wehrpflicht", in: Andreas Prüfert (Hg.), *Hat die allgemeine Wehrpflicht in Deutschland eine Zukunft? Zur Debatte um die künftige Wehrstruktur*, Baden-Baden 2003, S. 94-97

Merkel, Angela, *Rede zum Jahrestag des 20. Juli 1944 zu Rekruten der Bundeswehr vor dem Berliner Reichstagsbäude*, Berlin, 20. Juli 2009

Mey, Holger. H , Gibt es heute eine vermittelbare sicherheitspolitische Legitimation für die Allgemeine Wehrpflicht?, in: Prüfert, Andreas (Hg.), *Hat die allgemeine Wehrpflicht in Deutschland eine Zukunft? Zur Debatte um die künftige Wehrstruktur*, Baden-Baden 2003, (Forum Innere Führung Band 21), S. 39-58

Meyer, Berthold, *Wehrpflicht und Bundeswehrreform*, in: Aus Politik und Zeitgeschichte (B43/2000), S. 1-9

Ministère de la Défense, *Einsatzzahlen der französischen Streitkräfte*, http://www.defense.gouv.fr/ (eingesehen am 07.05.2009)

Ministerie van Defensie, *Missionen der niederländischen Streitkräfte*, http://www.defensie.nl/missies/uitgezonden_militairen/ (eingesehen am 07.05.2009)

Ministerion de Defensa de Espana, *Einsatzzahlen laufender Auslandseinsätze der spanischen Streitkräfte*, http://www.mde.es/contenido.jsp?id_nodo=4367&&&keyword=&auditoria=F (eingesehen am 07.05.2009)

Münz, Angelika (2000), *Der Blick zu den Nachbarn. Konzepte für Jugendfreiwilligendienste im Kontext von Wehrpflichtreform und bürgerschaftlichem Engagement in Europa*. In: Guggenberger, Bernd / Müller, Harald (Hrsg.), Jugend erneuert Gemeinschaft. Freiwilligendienste in Deutschland und Europa. Eine Synopse. Baden-Baden, S. 160-184

Nachtwei, Winfried, *Grüne Argumente – Freiwillenarmee für neue Aufgaben*, in: *IFDT,* 3/2003, S. 18-22

Nolte, Paul, *Fremde Soldaten – Deutschlands Nichtverhältnis zu seiner Armee,* in: Der Spiegel, (24. November 2008), S. 184-186

Opitz, Eckardt, Ursprünge und Zielsetzungen der Allgemeinen Wehrpflicht, in: Andreas Prüfert (Hg.), *Hat die allgemeine Wehrpflicht in Deutschland eine Zukunft? Zur Debatte um die künftige Wehrstruktur*, Baden-Baden 2003, S. 9-20

Piecha, Thorsten, *Normenstzung und soziale Kontrolle im Ausbildungsalltag der Bundeswehr, Eine Replikationsstudie zu Hubert Treibers Wie man Soldaten macht*, Frankfurt am Main 2006

Poutvaara, Panu/Wagener, Andreas, *Conccription: economic costs and political allure*, The Economics of Peace and Security Journal, Vol. 2, No. 1, 2007, S. 6-15

Presse- und Informationsamt der Bundesregierung, *Wehrpflicht oder Berufsarmee*, Bonn, Juni 1998

Prüfert, Andreas (Hg.), *Hat die allgemeine Wehrpflicht in Deutschland eine Zukunft? Zur Debatte um die künftige Wehrstruktur*, Baden-Baden 2003, (Forum Innere Führung Band 21)

Raulff, Ulrich, *Reserve hat Ruh, Zum Abschied von der allgemeinen Wehrpflicht*, in: *Süddeutsche Zeitung*, (19.01.2004), S.11

Richter, Eckehard, Erklärung des Beirates für freiwillige Reservistenarbeit beim VdRBw für die „Beibehaltung der Wehrpflicht", in: Andreas Prüfert (Hg.), *Hat die allgemeine Wehrpflicht in Deutschland eine Zukunft? Zur Debatte um die künftige Wehrstruktur*, Baden-Baden 2003, S. 87-90

Schmid, Gerhard, *Wehr- und Zivildienst in europäischen Ländern*, Informationen, Analysen, Unterrichtsbausteine, Schwalbach/Ts. 1994

Schulze von Glaßer, Michael, *Die Bundeswehr im Kampf an der Heimatfront, Der Kampf um die „Hearts & Minds" der deutschen Bevölkerung um neue RekrutInnen für weltweite Militärinterventionen*, Tübingen: Informationsstelle Militarisierung e.V., Januar 2009, (IMI Studie I/2009)

Sehmsdorf, Matthias, *Wehrpflicht – versus Freiwilligenarmee, Ausgwählte ökonomische Aspekte des Wehrsystems*, Hamburg 1998

Seifert, Ruth, *Soldatische Subjektivität, Gesellschaftlicher Wandel und Führungsanforderungen: Plädoyer für eine Subjektperspektive in der Militärsoziologie*, München: Sozialwissenschaftliches Institut der Bundeswehr, November 1992 (SOWI-Arbeitspapier Nr. 69)

Seifert, Ruth, *Individualisierungsprozesse, Geschlechterverhältnisse und die soziale Konstruktion des Soldaten, Eine theoretische und empirische Studie zur soldatischen Subjektivität und zu ihrer Wechselwirkung mit der Gesellschaft*, München: Sozialwissenschaftliches Institut der Bundeswehr, Dezember 1993 (SOWI-Arbeitspapier Nr. 61)

Siemann, Werner : *98. Sitzung des Deutschen Bundestages in der 14. Wahlperiode*, Berlin, 6. 04. 2000

Siemens, Ralf, *Nato: Wehrformen im Überblick*, <http://www.kampagne.de/ Wehrpflichtinfos/Nato_Ueberblick.php> (eingesehen am 28.10.2008)

Sommer, Theo, Auswahlwerpflicht und Wehrgerechtigkeit, in: Prüfert, Andreas (Hg.), *Hat die allgemeine Wehrpflicht in Deutschland eine Zukunft? Zur Debatte um die künftige Wehrstruktur*, Baden-Baden 2003, (Forum Innere Führung Band 21), S. 59-69

Sorge, Helmut, *E-Mail aus Hollywood: Die Armee der Underdogs*, Spiegel Online, 12.02.2003

Sorin, Katia/Porteret, Vincent/ Famechon-Koudjil, Christelle/Piotet, Francoise, *Les conditions des vie des militaires en europe, Convergences et Divergences, Allemagne, Belgique, Espagne, France, Pays-Bas, Italie et Royaume-Uni*, Paris : Centre d`etudes en sciences sociales de la Defense, 2003

Sozialwissenschaftliches Institut der Bundeswehr, *Bevölkerungsbefragung 2008, Sicherheits- und verteidigungspolitisches Meinungsklima in Deutschland*, Kurzbericht, Strausberg, November 2008

Statistisches Bundesamt, *Bevölkerung Deutschlands bis 2050, 11. koordinierte Bevölkerungsvorausberechnung*, Wiesbaden, 2006

Statistisches Bundesamt, *Statistisches Jahrbuch 2008*, Wiesbaden 2008, S. 70-95

Stawski, Dominik, *Studieren bei der Bundeswehr-Vom Hörsaal in den Krieg*, <http://www.spiegel.de/unispiegel/studium/0,1518,595162,00.html>, (eingesehen am 18.02.2009)

Steinkamm, Armin A./Schössler, Dietmar (Hg.), *Wehrhafte Demokratie 2000 – zu Wehrpflicht und Wehrstruktur, Politische, rechtliche, gesellschaftliche und militärische Dimensionen des Wehrstrukturproblems der Bundesrepublik Deutschland in der „postkonfrontativen Periode"*, Baden-Baden 1999

Stellungnahme des Auswärtigen Amtes zur Beibehaltung der allgemeinen Wehrpflicht vor dem Hintergrund der Streitkräftereform in Frankreich, in: Steinkamm, Armin A./Schössler, Dietmar (Hg.), *Wehrhafte Demokratie 2000 – zu Wehrpflicht und Wehrstruktur, Politische, rechtliche, gesellschaftliche und militärische Dimensionen des Wehrstrukturproblems der Bundesrepublik Deutschland in der „postkonfrontativen Periode"*, Baden-Baden 1999, S. 250-254

Stiegler, Ludwig, Position der SPD-Fraktion zum Thema „Wehrpflicht", in: Andreas Prüfert (Hg.), *Hat die allgemeine Wehrpflicht in Deutschland eine Zukunft? Zur Debatte um die künftige Wehrstruktur*, Baden-Baden 2003, S. 98-99

Stützle, Walther, *Geschützt und gebunden durch das Recht, Streitkräfte und Grundgesetz*, Kompass 07-08/09, S. 10.

Tobiassen, Peter, *Der Autor Vaterland statt Arbeitsplatz*, in: Frankfurter Rundschau (31.08.2007), S. 9

Unterseher, Lutz, Conscription in Germany-Past, Present, Positions, Plans, Prospects, in: Malesic, Marjan, *Conscription vs. All-Volunteer Forces in Europe*, 1. Aufl., Bd. 33, Baden-Baden 2003, S. 63-82

Vaupel, Rudolf/Winter, Georg, *Die Reorganisation des preußischen Staates unter Stein und Hardenberg, Teil II, Bd. 1*, Leipzig: Königlich Preußisches Staatsarchiv, 94

Verwaltungsgericht Köln, *Beschluss der 8. Kammer vom 03.12.2008*, AZ 8 K 5791/08, Köln, Köln, 03.12.2008

Verwaltungsgericht Köln, *Beschluss der 8. Kammer vom 03.12.2008*, AZ 8 K 5913/08, Köln, Köln, 03.12.2008

Weber, Bernd, *Die Allgemeine Wehrpflicht als Antwort auf die sicherheitspolitischen Herausforderungen unserer Zeit*, Berlin: CDU/CSU Fraktion des Deutschen Bundestages, 21. Juni 2002 (Arbeitspapier der Arbeitsgruppe Verteidigungspolitik)

Wehrstrukturkommission der Bundesregierung, *Die Wehrstruktur in der Bundesrepublik Deutschland, Band II, Sitzungsprotokolle*, Auftrag II, April 1971-November 1972, Bonn1972, S. 513

Werkner, Ines-Jacqueline, *Allgemeine Trends und Entwicklungslinien in den europäischen Wehrsystemen*, Strausberg: Sozialwissenschaftliches Institut der Bundeswehr, Juli 2003 (SOWI-Arbeitspapier Nr. 134)

Werkner, Ines-Jacqueline, Die Wehrpflicht-Teil der politischen Kultur der Bundesrepublik Deutschland?, in: Werkner, Ines-Jacqueline, *Die Wehrpflicht und ihre Hintergründe, Sozialwissenschaftliche Beiträge zur aktuellen Debatte*, Wiesbaden, 2004, S. 155-178.

Werkner, Ines-Jacqueline, *Wehrpflicht oder Freiwilligenarmee? Wehrstrukturentscheidungen im europäischen Vergleich*, Frankfurt am Main 2006

Williams, Cindy, *From conscripts to volunteers: NATO's transitions to all-volunteer forces,* Newport, Rhode Island: Naval War College, Winter 2005

Zentrum Innere Führung, *Wehrpflichtarmee-Freiwilligenstreitkräfte, Ein Vergleich, Eine Zusammenstellung der Argumente*, Arbeitspapier 1/94, Koblenz, Dezember 1993